Fit for Future

Die Zukunft wird massive Veränderungen im Arbeits- und Privatleben mit sich bringen. Tendenzen gehen sogar dahin, dass die klassische Teilung zwischen Arbeitszeit und Freizeit nicht mehr gelingen wird. Eine neue Zeit – die sogenannte „Lebenszeit" – beginnt. Laut Bundesregierung werden in den nächsten Jahren viele Berufe einen tiefgreifenden Wandel erleben und in ihrer derzeitigen Form nicht mehr existieren. Im Gegenzug wird es neue Berufe geben, von denen wir heute noch nicht wissen, wie diese aussehen oder welche Tätigkeiten diese beinhalten werden. Betriebsökonomen schildern mögliche Szenarien, dass eine stetig steigende Anzahl an Arbeitsplätzen durch Digitalisierung und Robotisierung gefährdet sind. Die Reihe „Fit for future" beschäftigt sich eingehend mit dieser Thematik und bringt zum Ausdruck, wie wichtig es ist, sich diesen neuen Rahmenbedingungen am Markt anzupassen, flexibel zu sein, seine Kompetenzen zu stärken und „Fit for future" zu werden. Der Initiator der Buchreihe Peter Buchenau lädt hierzu namhafte Experten ein, ihren Erfahrungsschatz auf Papier zu bringen und zu schildern, welche Kompetenzen es brauchen wird, um auch künftig erfolgreich am Markt zu agieren. Ein Buch von der Praxis für die Praxis, von Profis für Profis. Leser und Leserinnen erhalten „einen Blick in die Zukunft" und die Möglichkeit, ihre berufliche Entwicklung rechtzeitig mitzugestalten.

Burkard Schemmel

Führung von Morgen

Werteorientiert, kundenfokussiert, nachhaltig

2. Auflage

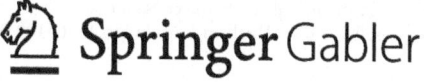 Springer Gabler

Burkard Schemmel
Berlin, Deutschland

ISSN 2730-6941   ISSN 2730-695X   (electronic)
Fit for Future
ISBN 978-3-658-39162-1   ISBN 978-3-658-39163-8   (eBook)
https://doi.org/10.1007/978-3-658-39163-8

Die Deutsche Nationalbibliothek verzeichnet diese Publikation in der Deutschen Nationalbibliografie; detaillierte bibliografische Daten sind im Internet über http://dnb.d-nb.de abrufbar.

Planung/Lektorat: Nora Valussi
Springer Gabler ist ein Imprint der eingetragenen Gesellschaft Springer Fachmedien Wiesbaden GmbH und ist ein Teil von Springer Nature.
Die Anschrift der Gesellschaft ist: Abraham-Lincoln-Str. 46, 65189 Wiesbaden, Germany

Inhaltsverzeichnis

Über den Autor

Burkard Schemmel ist Senior Leader für Business Development und digitale Geschäftsstrategie, Implementierung und Umsetzung. Herr Schemmel arbeitet seit 20 Jahren in der High-Tech-Industrie – von der Strategie bis zum Betrieb. Als Unternehmer gründete er vier Unternehmen als CxO, half mittelständischen Organisationen bei der Entwicklung neuer Dienstleistungen, beriet große Unternehmen in den Bereichen Strategie, Technologie und Betrieb und leitete große Technologie-Teams und B2B-Commerce-Aktivitäten. Sein Schwerpunkt liegt auf der Beschleunigung des Wachstums durch den Aufbau von globalen Dienstleistungen, Ecosystemen und „As-a-Service"-Geschäftsmodellen.

Während seiner beruflichen Laufbahn war Herr Schemmel in verschiedenen internationalen Positionen in den Bereichen Programmmanagement, Geschäftsbetrieb und Führung für Fortune 500-Unternehmen tätig. Sein Schwerpunkt liegt auf Wachstumsstrategien, Geschäftsanbahnung und strategischem Vertrieb. Er gründete und leitete einen Geschäftsbereich mit über 900 funktions-übergreifenden Experten in der Medizintechnikbranche, führte Projekte zur Unternehmens-Transformation und baute B2B-Verkaufsteams für den kommerziellen und öffentlichen Sektor auf. In seiner Arbeit mit großen Technologieunternehmen bringt er Unicorns mit etablierten Unternehmen zusammen, um zu verkaufen, Partnerschaften zu schließen und voneinander zu lernen. Als Vordenker, Autor und Redner konzentriert sich Herr Schemmel auf Unternehmensstrategie, B2B-Handel und Geschäftsethik.

Herr Schemmel ist diplomierter Wirtschafts-informatiker und arbeitete in den USA, Singapur, Japan und verschiedenen EU-Ländern. Herr Schemmel sammelt zeitgenössische Kunst, liebt die Natur und kocht gerne mit Familie und Freunden.

1

Einführung

Zusammenfassung Die Welt verändert sich in einem
Tempo und mit einem Ausmaß wie nie zuvor in der
Neuzeit. Zum ersten Mal in der Geschichte entsteht eine globale Wirtschaft auf der Basis universeller
digitaler Geschäftsmodelle. Von West nach Ost, von
kapitalistischen zu kommunistischen Ländern und von
offenen zu geschlossenen Gesellschaften. In der globalen
Geschäftsdynamik ist der Wandel die neue Normalität: Die Kunden haben unendlich viele Möglichkeiten,
Produkte zu kaufen, Dienstleistungen in Anspruch zu
nehmen und ihr Leben zu organisieren.

Die Welt verändert sich in einem Tempo und mit einem
Ausmaß wie nie zuvor in der Neuzeit. Zum ersten Mal
in der Geschichte entsteht eine globale Wirtschaft auf
der Basis universeller digitaler Geschäftsmodelle. Von
West nach Ost, von kapitalistischen zu kommunistischen

© Springer Fachmedien Wiesbaden GmbH, ein Teil von Springer
Nature 2022
B. Schemmel, *Führung von Morgen*, Fit for Future,
https://doi.org/10.1007/978-3-658-39163-8_1

Ländern und von offenen zu geschlossenen Gesellschaften. In der globalen Geschäftsdynamik ist der Wandel die neue Normalität: Die Kunden haben unendlich viele Möglichkeiten, Produkte zu kaufen, Dienstleistungen in Anspruch zu nehmen und ihr Leben zu organisieren. Niedrige Eintrittsbarrieren ermöglichen es nahezu jedem Unternehmen, innerhalb von 3 bis 5 Jahren zum Weltmarktführer aufzusteigen – mit Angeboten, die heute noch nicht existieren. Dieses digitale Polypol beschleunigt alles – von der Ideenfindung über Forschung und Entwicklung, Technik, Vertrieb bis zum Kundendienst. Diejenigen Unternehmen werden am erfolgreichsten sein, denen es gelingt, in kürzester Zeit eine breite Akzeptanz zu erreichen – nicht mit dem besten Produkt, sondern mit einer Lösung für ein spezifisches Bedürfnis einer großen Zielgruppe.

Erfolgreiche Unternehmen haben ihre Produktlebenszyklen beschleunigt, die Aktivitäten strikt auf den Kunden ausgerichtet und neue Geschäftsmodelle schneller als je zuvor entwickelt. Führungskräfte benötigen einen Kompass, um sich in diesem digitalen Polypol zurechtzufinden – vom Verständnis des aktuellen Kontextes und der Makrofaktoren über Beispiele erfolgreicher Unternehmen bis hin zu einem bewährten Modell, das Organisationen hilft, sich durch den Wandel zu bewegen. Dieses Buch präsentiert Konzepten und Ideen, um Unternehmen in die neue Zeit zu transformieren. Aus der europäischen Perspektive beleuchtet es unsere Positionierung in einer globalen Welt zwischen den Vereinigten Staaten im Westen und China im Osten.

In Europa müssen Unternehmen und Führungskräfte ihre Position in der neuen Weltordnung noch finden. Das Niederländische Unternehmen Philips war seit 1950 maßgeblich an der Entwicklung von Tonträgern beteiligt, zunächst in Form von Schallplatten und dann ab 1960 als

Audiokassetten. 20 Jahre später, 1981–1982 war Philips einer der Erfinder der Compact Disc und Lou Ottens hatte mit seiner Entwicklungsabteilung maßgeblichen Anteil an Philips' Erfolg. Philips war seither eine der treibenden Kräfte bei der Entwicklung von musikalischen Speichermedien – und wurde später durch Streamingangebote überholt. Es ist bezeichnend, dass In Europa länger keine umwälzenden Erfindungen zur Marktreife gebracht wurden, während die GAFA-Unternehmen (Google, Apple, Facebook und Amazon) wegweisende Verbraucherinnovationen angetrieben zu haben. Mit der Hilfe chinesische Hardware-Lieferanten wie Foxconn, haben US-amerikanische Firmen monopolartige Ecosysteme aufgebaut, die ihnen lukrative Geschäftsmodelle sichern. Doch das Blatt wendet sich: In China erfundene Plattformen wie Alibaba oder TikTok werden die westlichen Pedanten in höchstens 3 Jahren an Größe und Umsatz überholen. Sie wurden von 1,39 Mrd. Menschen feinjustiert, die die gleiche Sprache sprechen, mit der gleichen Währung bezahlen und eine ähnliche Mentalität haben (die Vereinigten Staaten haben 328,2 Mio. Einwohner). Diesen Unternehmen ist es gelungen, alle Gesellschaftsschichten anzusprechen – vom Landwirt bis zum Investmentbanker.

Dieses Buch hilft Führungskräften Selbstvertrauen, Werkzeuge, Einblicke und Erkenntnisse zu gewinnen, die ihr Handeln zum Wohl des Unternehmens nachhaltig beeinflussen. Es zeigt einen standardisierten Weg zur Veränderung unter den neuen Paradigmen zwischen West und Ost auf – vom kleinen Startup bis hin zu einer Abteilung in einem großen Fortune-500-Unternehmen. Es ist das einzige Wirtschaftskompendium, das Führungskräfte in den nächsten fünf Jahren benötigen, um den Wandel zu gestalten. Führung heißt, den Wandel als Marathon zu begreifen und mit agilen Sprints die

Transformation zu orchestrieren. Diejenigen werden am erfolgreichsten sein, die langfristig am großen Ganzen arbeiten und in der Umsetzung maximal agil sind. Sie konzentrieren sich auf die „richtigen" Sprints, die der langfristigen Vision den entscheidenden Schub geben. Transformationsführung ist die Fähigkeit von Führungskräften, Unternehmen der nächsten Generation aufzubauen und zu skalieren – werteorientiert, kundenfokussiert und nachhaltig. Dieses Buch zeigt Führungskräften wie sie die Transformation zu einem gestalten und umsetzen können.

1.1 Werteorientiert – Kundenfokussiert – Nachhaltig

Ein Unternehmen sollte den Ehrgeiz haben, die Welt zu verändern, indem es einen klaren Zweck verfolgt, der über das Geldverdienen hinausgeht. In der heutigen Zeit der Werteorientierung muss jedes Unternehmen auf die Lösung eines Kundenbedürfnisses ausgerichtet sein. Wenn Unternehmen nachhaltig und in großen Dimensionen denken, nutzen Sie eigene Ecosysteme unter maximaler Agilität. Agilität ist der Schlüssel, da der Wettbewerb und die Transparenz der Käufer beständig zunehmen. Führungskräfte haben die Wahl, ein neues Unternehmen von Grund auf oder Seite an Seite des bestehenden Betriebs aufzubauen. Bei einem Greenfield-Ansatz wird ein Unternehmen von Grund auf neu aufgebaut, ohne jegliche Altlasten. Der Erfolg hängt von der Fähigkeit ab, ein Konzept für alle Phasen des Geschäftslebenszyklus zu definieren und umzusetzen. Auf der anderen Seite wird bei einem Brownfield-Ansatz ein bestehendes Unternehmen im laufenden Betrieb umgestaltet. Dies erfordert ein hohes Maß an Disziplin, und setzt die

Ressourcen unter Druck, um die laufende Priorisierung und Konflikte zu bewältigen. Eine Variante von beiden wird Whitecube genannt. Bei diesem Modell werden vorhandene Erkenntnisse und Unternehmensfunktionen (als Würfel) genutzt, ohne dass die organisatorischen Altlasten der Umwandlung eines bestehenden Unternehmens im laufenden Betrieb anfallen.

1.2   Führung von Morgen

Dieses Buch beleuchtet interdisziplinär die verschiedenen Elemente zur Veränderung im – von einer strategischen Sichtweise bis hin zu den täglichen Geschäftsabläufen. Es konzentriert sich auf Leitlinien für den Aufbau neuer Unternehmen in einem zukünftigen Kontext (Greenfield), ist aber auch für das Überdenken, die Wiederbelebung und die Neugestaltung des Zwecks, der Organisation und der Taktik des unternehmerischen Handelns (Brownfield oder Whitecube) geeignet. Beginnend mit dem aktuellen Kontext der Werteorientierung in Kap. 2, in dem das Streben nach Zweck des unternehmerischen Handelns erörtert wird, und die Megatrends in Relation zu Geschäftsmodellen gesetzt werden, bis hin zu den Grundlagen der Kundenfokussierung nach ethische Standards in Kap. 3, enthält es Überlegungen zum nachhaltigen Erfolg mittels Ecosystemen in Kap. 4. Kap. 5 endet mit der praktischen Umsetzung des Modells zur Führung von Morgen, Checklisten und einer Einladung zur Zusammenarbeit, um die Ideen in einem Open-Source-Projekt weiterzuentwickeln.

Im Verlauf dieses Buches bauen wir das Modell zur Führung von Morgen entlang von 10 Phasen und 10 Dimensionen auf, das als Leitfaden für erfolgreiche Unternehmenstransformationen dient. Fortschritt, Iterationen und Ergebnisse sind wichtige Messgrößen für Führungskräfte, um festzustellen, wo sie mit ihrer Transformation stehen. Zusammen mit dem Fortschritts-KPI bestimmt die Priorität den Fokus, den eine Führungskraft in einer bestimmten Phase setzen muss – aus der Perspektive von Aufwand und Vollständigkeit. Ziel jeder Iteration ist es, die Leistung der gesamten Transformation zu verbessern, indem neue Kundenerkenntnisse genutzt werden. Auf der Ergebnis-Seite messen wir sechs Schlüsselkategorien. Das Ergebnis ist ein hoch performantes Unternehmen das Führend ist bei Kundenzufriedenheit, Kapitalrendite und Gewinn.

2

Neue Wertorientierung

Zusammenfassung Der aktuelle Kontext und der Status quo konzentrieren sich auf Elemente, die den geschäftlichen Wandel vorantreiben. Volatilität, Unsicherheit, Komplexität und Mehrdeutigkeit (Volatility Uncertainty, Complexity, and Ambiguity, VUCA) führen zu einem weniger vorhersehbaren Wirtschaften mit mehr schnell ändernden Variablen. Die Politik in der westlichen Welt bot jahrzehntelang ein stabiles Umfeld, das langfristige Investitionsentscheidungen vorhersehbar machte. In einigen europäischen Ländern ist der Populismus auf dem Vormarsch, und die lange Phase der Offenheit scheint zu Ende zu gehen und durch verstärkte nationalistische Tendenzen ersetzt zu werden. In vielen Ländern, Gesellschaftsschichten und Völkern hat sich das Bewusstsein durchgesetzt, dass Nachhaltigkeit zusammen mit sozialer Verantwortung zu einem veritablen Schwerpunkt des unternehmerischen Handelns werden muss. Infolgedessen bemühen sich Führungskräfte darum, den

© Springer Fachmedien Wiesbaden GmbH, ein Teil von Springer Nature 2022
B. Schemmel, *Führung von Morgen,* Fit for Future,
https://doi.org/10.1007/978-3-658-39163-8_2

geschäftlichen Input klarer mit dem Ergebnis zu verbinden, um zu verstehen, welche Faktoren ihren geschäftlichen Erfolg wirklich antreiben. Das Mittel dazu ist ein klarer Geschäftszweck, der weit über das Geldverdienen hinausgeht. Fachübergreifendes Arbeiten und die Konvergenz von Technologien werden ein Schlüsselfaktor für den derzeitigen und künftigen Erfolg sein. Unternehmen müssen neben der Erfüllung der traditionellen KPIs ihrer Stakeholder auch ein ethisches Wertversprechen finden. Die Erzielung von Gewinnen ist kein Selbstzweck – stattdessen muss die Unternehmensethik im Mittelpunkt jedes Unternehmens in einer globalen Welt stehen. Dies geht einher mit der Wiederbelebung einer älteren Frage aus den 1970er Jahren zu Postwachstums-Szenarien, die zur Frage nach dem Sinn für Unternehmen und Individuen führt.

Die Geschwindigkeit, mit der sich die Dinge verändern, hat in den letzten Jahren stetig zugenommen, und gleichzeitig ist das Ausmaß der Auswirkungen größer geworden. Die Gesellschaften in Ost und West befinden sich in einem massiven Wandel, der von einem Kampf um Wirkung und Relevanz angetrieben wird. Jedes Land und insbesondere Europa muss seinen Weg in einer Welt der konvergierenden Technologien und der Neudefinition traditioneller Disziplinen finden. Gleichzeitig haben immer mehr Menschen das Gefühl, dass das derzeitige Wirtschaftsmodell überarbeitet werden muss – von einer Hinwendung zur Nachhaltigkeit bis hin zu einem radikalen Wandel. Was auch immer die Zukunft bringen wird, der Zweck, der über das Geldverdienen hinausgeht, wird im Mittelpunkt aller Überlegungen stehen.

2.1 Die digitale Konvergenz verändert die Welt in Tempo und Ausmaß wie nie zuvor in der Neuzeit

In den letzten zehn Jahren bestand für Individuen und Unternehmen in der westlichen Welt ein weitgehend stabiles wirtschaftliches und politisches Umfeld. Die Risiken, die sich im zu Beginn des Jahres 2019 abzeichneten, wurden zu ernsthaften Bedrohungen für unseren derzeitigen Modus Operandi unserer individualisierten Gesellschaft und marktwirtschaftlich-fair organisierten Wirtschaft Europas. Seit Herbst 2019 beschleunigt die globale Pandemie die Folgen länger bestehender Trends. Der wesentliche Treiber dahinter ist digitale Konvergenz, die uns von einer neuen Normalität in einen neuen Kontext führt: Selektive Offenheit ersetzt seit dem Fall der Berliner Mauer den Trend zur maximalen Freiheit, höherer persönlicher Mobilität und einem fast grenzenlosen Welthandel, der von rein ökonomischen Gesichtspunkten geprägt ist. Dieser neue Kontext wird sich auf die Art und Weise auswirken, wie wir leben, arbeiten und reisen und wie Unternehmen wirtschaften. Das Streben nach Werten, die über finanzielle Aspekte hinausgehen, steht für mehr und mehr Menschen an erster Stelle. Mitarbeiter erwarten, dass sie ihre Werte sowohl im privaten als auch im beruflichen Leben einbringen können. Unternehmen werden sich daher um eine klare Mission jenseits des Geldverdienens bemühen müssen. Werden Geschäftsmodelle heute neu entwickelt, fragen Stakeholder selbstverständlich nach dem Sinn; die alleinige Steigerung des Verkaufs von Produkten oder Dienstleistungen ist kein adäquater Unternehmenszweck mehr. Verbraucher und Mitarbeiter als Hauptakteure eines jeden Unternehmens treiben diesen Wandel voran: Die Vielfalt der Denkweisen steuert die Innovationen, Agilität ist der Motor ständiger Veränderung, und die globale Zusammenarbeit wird das Arbeiten von überall her ermöglichen. Gleichzeitig wird die Nachhaltigkeit zu einem Kernprinzip der Geschäftstätigkeit.

Wir befinden uns mitten in der Masseneinführung neuer Technologien, wobei technologische Experimente aus den Anfängen des Internets durch professionelle Geschäftsmodelle ersetzt werden. Diese Konvergenz ist jetzt möglich, weil Technologien wie standortbezogene mobile Daten, die Sharing Economy und die Verbindung von Menschen über soziale Medien ausgereift sind und Massenakzeptanz erreicht haben. Das derzeitige Oligopol weitgehend unzureichend regulierter Technologieunternehmen ermöglichte starke Ecosysteme, die durch horizontale Integration auf der Grundlage der persönlichen Daten der Verbraucher massive Einnahmen erzielen. In der Tat sind die Kunden und ihre Datenprofile das Kapital, nicht der von den großen Technologieunternehmen entwickelte Quellcode. Dies setzt viele traditionelle Geschäftsmodelle unter Druck, erlaubt auf der anderen Seite jedoch auch Teilhabe und Erfolg für neue Unternehmen: Es entsteht gerade ein sogenanntes digitales Polypol das es nahezu jedem Unternehmen ermöglicht, in 3 bis 5 Jahren zum Weltmarktführer aufzusteigen. Auf der politischen Bühne verändert sich die Fragestellung von „rechts vs. links" zu „offen vs. geschlossen". Parteien und Politiker, die für eine Abschottung eintreten, riskieren Zukunft kleiner Volkswirtschaften durch den Wunsch, die lange Zeit der offenen Zusammenarbeit zwischen den Ländern zu beenden. Sie machen Bürgern glauben, man könne die Zeit zurückdrehen und die vermeintlich sichere Berechenbarkeit des Wirtschaftswachstums nach dem zweiten Weltkrieg zurückerhalten. Gleichzeitig sind Ökologie und Nachhaltigkeit auf dem Vormarsch und verlangen nach echten Veränderungen in unseren Geschäftsabläufen und nicht nach einfachen kosmetischen Maßnahmen, um die Compliance-Berichterstattung zufriedenzustellen.

2.1.1 Volatilität, Ungewissheit, Komplexität und Mehrdeutigkeit

Wir sind mit einer Situation abnehmender politischer Stabilität in vielen weltweiten Märkten konfrontiert. Das Risiko globaler Pandemien, die sich auf nicht-digitale Geschäftsaktivitäten auswirken, eine ernste Staatsschuldenkrise in Italien verbunden mit anhaltenden Problemen im europäischen Bankensektor und strengere CO_2-Verordnungen der EU schaffen ein Umfeld der Unsicherheit für Unternehmen. Populistische Strömungen kommen in Wellen und bestimmen die öffentliche Debatte in Ländern wie Polen und Ungarn. Handelskriege und Zölle zwischen China und den USA bringen laut IWF-Prognose ein ernsthaftes BIP Risiko mit sich. Die Frage ist, wann sich diese politischen Risiken auf das Wirtschaftswachstum auswirken. Auf der Technologieseite sehen wir eine exponentielle Einführung neuer Dienstleistungen, die durch die Konvergenz von Technologien und neuen Geschäftsmodellen vorangetrieben wird. Die Komplexität horizontal integrierter Geschäftsmodelle nimmt zu, die „as-a-service" Ökonomie gewinnt an Bedeutung, wo es um die Bereitstellung einfacher Kundenlösungen anstelle des Verkaufs von Produkten geht. Häufig fehlt es Unternehmen in der westlichen Welt an der Fähigkeit, agil zu handeln. Kompetenzen im Software-Engineering sind in traditionellen Großunternehmen in Europa rar. Das sieht man daran, dass Porsche seine

Kunden bittet, für ein Software-Update des neuen Elektroautos Taycan in die Werkstatt zu kommen.

Finanzexperten hatten schon seit Jahren mit einer Zinserhöhung gerechnet. Anfang 2019 prognostizierte die FED ein Zinsziel von 3 % bis Ende 2019 (Knapp et al., 2019). Während die Volatilität auf der Zinsseite gering zu sein scheint, sind die Ölpreise hochvolatil bis hin zu einem negativen Preis im April 2020, getrieben durch die erste Welle der Pandemie. Seit dem Ausbruch der internationalen Finanzkrise hat allein die Europäische Zentralbank rund vier Billionen Euro frisches Zentralbankgeld in Umlauf gebracht, zunächst ohne Wirkung: Die Inflationsrate in der Eurozone war lange negativ. Damit die Preise steigen, muss das Geld ausgegeben werden. Ende 2021 könnten Entwicklungen zusammenkommen, die Angebot und Nachfrage wieder ins Gleichgewicht bringen: Fast alle Industriestaaten haben die krisenbedingten privaten Einkommensverluste durch staatliche Leistungen wie das Kurzarbeitergeld ersetzt. Ein Großteil des Geldes wurde eingespart, auch weil die Geschäfte geschlossen wurden. Die Deutschen legten im Jahr 2020 durchschnittlich 16 % ihres Einkommens zur Seite, rund fünf Prozentpunkte mehr als im Jahr zuvor (Statista, 2021). Das entspricht rund 100 Mrd. EUR an zusätzlichem Geldvermögen. Experten prognostizierte bereits im Herbst 2020, dass Bürger das gesparte Geld für Flugreisen, Restaurantbesuche und andere Dinge ausgeben werden, und es zu Engpässen auf der Lieferseite kommt. Die zusätzliche Nachfrage würde dann auf ein begrenztes Angebot treffen, weil beispielsweise die Fluggesellschaften in den letzten Monaten Personal abgebaut haben und einige Restaurants den Betrieb eingestellt haben. Diese Preissteigerungen erleben wir im dritten Quartal 2021 und sie könnten sich durch strukturelle Veränderungen in der Wirtschaft weiter verstärken. In den letzten Jahren sind nämlich durch die Integration von Ländern wie China in die Weltwirtschaft plötzlich viele Millionen Menschen als zusätzliche Arbeitskräfte für den Weltmarkt verfügbar geworden. So konnten mehr Waren produziert werden, was die Preise drückte. Zu diesem Zweck hat die EZB einen Zielwert für die Inflationsrate festgelegt: Mittelfristig soll diese knapp unter zwei Prozent liegen (EZB, 2021), Abweichungen nach oben und unten sind allenfalls vorübergehend akzeptabel. Das funktioniert aber nur, wenn die Zentralbanken glaubwürdig sind. Wenn man ihnen also zutraut, dass sie eingreifen, sobald die Preise steigen. Der Anstieg der Staatsverschuldung in der Krise könnte diese Glaubwürdigkeit erschüttern, nämlich dann, wenn die EZB den Eindruck erweckt, sie würde die Zinsen nicht erhöhen, weil das eine zusätzliche Belastung für die verschuldeten Länder wäre. Diese müssten dann mit unpopulären Steuererhöhungen oder Ausgaben-kürzungen reagieren. Die Geschichte zeigt, dass eine höhere Verschuldung immer zu höheren Inflationsraten geführt hat, zum Beispiel während des amerikanischen Bürgerkriegs. Aber es gibt auch Gegenbeispiele: Nach dem Zweiten Weltkrieg stieg die Inflation kaum an.

Das Zeitalter der Globalisierung neigt sich möglicher-weise dem Ende zu. Die Handelskonflikte nehmen zu, neue Zollschranken werden errichtet. Zudem ändern sich persönliche Präferenzen. Die Unternehmenswerte, mit denen unsere Eltern aufgewachsen sind, werden jedes Jahr von einer begrenzten Anzahl von Kunden geschätzt: Wenn Sie das Glück haben, eine Miele-Waschmaschine aus dem Jahr 1990 zu besitzen, funktioniert diese häufig wie am ersten Tag. Aber vielleicht vermissen Sie auch moderne Energiesparprogramme, ein größeres Beladungsvolumen von 9 kg statt der heute üblichen 5 kg oder die digitale Vernetzung, die es Ihnen ermöglicht, das Gerät von über-all aus zu steuern. Kundenpräferenzen sind nicht absolut, sondern können sich ändern – und das dauert nicht mehr 30 Jahre. Viele Geschäftsmodelle stehen unter massivem Druck, da die Unternehmen es versäumt haben, ihre Aktivitäten auf die veränderten Kundenbedürfnisse auszurichten – der stationäre Handel ist ein gutes Beispiel dafür, wie große Kaufhäuser seit Jahren mit der Online-Auswahl und dem Komfort konkurrieren wollen. Die Pandemie hat selbst konservativen Käufern bewiesen, dass Online ein ernstzunehmender Einkaufskanal ist und dass das Einkaufen generell nicht zur langfristigen Zufriedenheitssteigerung beiträgt. Während sich das Reise- und Gastgewerbe mit einer langfristig niedrigeren Gesamtnachfrage und einem massiven Rückgang der Geschäftsreisen arrangieren muss, haben viele andere Branchen noch keine Antwort auf ihre künftigen Geschäftsabläufe gefunden: Novartis erlaubt auch nach der Pandemie unbegrenztes Home-Office und schließt seinen Verwaltungscampus in der Schweiz mit 10.000 Arbeitsplätzen (Reidel, 2020). Das Unternehmen hat noch nicht entschieden, wie es die Gebäude nutzen will. Siemens hat angekündigt, dass 140.000 Mitarbeiter weltweit 50 % ihrer Arbeitszeit von zu Hause arbeiten können (Siemens, 2020). Diese Entwicklung wird in den nächsten Jahren massive Auswirkungen auf Unternehmensimmobilien haben.

2.1.2 Die multipolare Welt und das veränderte politische Kräfteverhältnis reduzieren die Berechenbarkeit

Einzelpersonen und Unternehmen suchen ihre Rolle in der neuen Welt der Multipolarität. Unter Theoretikern der internationalen Beziehungen war lange Zeit die Meinung verbreitet, dass das internationale System nach dem Kalten Krieg unipolar ist: Die Verteidigungsausgaben

der Vereinigten Staaten machen fast die Hälfte der weltweiten Militärausgaben aus. Tatsächlich war die Welt
allerdings lange Zeit nach dem zweiten Weltkrieg bipolar.
Die meisten westlichen und kapitalistischen Staaten
fielen unter den Einfluss der USA, während die meisten
kommunistischen Staaten unter den Einfluss der UdSSR
standen. Die Gruppierungen NATO und Warschauer Pakt
gelten als bipolar, wenn man die Bewegung der Block-
freien Staaten nicht mit einbezieht. Seit einigen Jahren
haben wir es mit einer multipolaren Welt zu tun, in der
mehr als zwei Nationalstaaten einen nahezu gleich großen
militärischen, kulturellen und wirtschaftlichen Einfluss
haben. Zwar gehen die Meinungen über die Stabilität der
Multipolarität auseinander, doch könnten sie selbst in der
neorealistischen Analyse stabiler sein als bipolare Systeme,
was auf die Komplexität von Szenarien der gegenseitigen
Zerstörung durch Atomwaffen zurückzuführen ist. Weder
die bipolare Ordnung der Ära des Kalten Krieges noch
die anschließende unipolare Hegemonie der Vereinigten
Staaten eine friedliche Welt geschaffen haben. Im Gegen-
teil, die Weltpolitik ist heute zunehmend unberechenbar,
gefährlich komplex und voller unüberbrückbarer Widersprüche. Die Globalisierung hat zu komplexen und viel-
schichtigen Konflikten beigetragen, die regionale Ursachen
mit externen Akteuren verbinden und die Abgrenzung
zwischen internen und externen Konflikten erschweren.
Infolgedessen sind die internationalen Institutionen
oft weder willens noch in der Lage, einzugreifen. Die
aktuellen Situationen in Syrien und der Ukraine zeigen,
dass solche Konflikte ständig Gefahr laufen, auf benach-
barte Länder überzugreifen und regionale und internationale Krisen auszulösen. Der ehemalige deutsche
Außenminister Frank-Walter Steinmeier hat es auf den
Punkt gebracht: „Die Welt ist aus den Fugen geraten.
Eine alte Ordnung ist verschwunden, aber eine neue

ist nicht an ihre Stelle getreten. Wir leben in einer Welt auf der Suche nach Ordnung" (Steinmeier, F.-W., 2015; Knapp et al., 2019). Andrey Kortunov ist Generaldirektor des Russian International Affairs Council (RIAC) und Präsident der New Eurasia Foundation in Moskau. Er stimmt Steinmeiers Standpunkt zu und argumentiert, dass die Welt im zweiten Jahrzehnt des 21. Jahrhunderts in eine Periode chronischer Instabilität, regionaler und globaler Unruhen und eines dramatischen Rückgangs der Regierbarkeit des internationalen Systems eingetreten ist. Die liberale institutionelle Ordnung, die auf universellen Werten beruht, wird nun von aufkommenden Gegenkräften herausgefordert, die, wenn sie erfolgreich sind, mit der Zeit eine multipolare globale Ordnung schaffen werden. Dieser Prozess wird vor allem von China und Russland sowie anderen Schwellenländern vorangetrieben, die entweder in der BRICS-Gruppe oder unter dem Dach der G20 zusammengeschlossen sind. Angesichts des derzeitigen Zustands der Europäischen Union, die durch unkontrollierbare externe Herausforderungen und interne Fragen nach Solidarität zersplittert ist, ist es zweifelhaft, dass Brüssel die Form der entstehenden globalen Ordnung beeinflussen wird.

Nationalismus und Populismus sind in vielen westlichen Staaten nach wie vor präsent, darunter in den USA, Deutschland, Österreich und Ungarn. Dabei geht es nicht nur um linke oder rechte politische Meinungen, sondern um die Frage nach einer offen oder geschlossen Ordnung. Unter dem Versprechen von mehr Sicherheit entstand eine Debatte über die Einschränkung individueller Freiheit und unternehmerischer Möglichkeiten. Die Botschaft an die Bevölkerung ist einfach: Die Sicherheit der alten (unipolaren) Welt kann wieder hergestellt werden, indem äußere Faktoren und die Komplexität des Einflusses der Menschen begrenzt werden. Das verlockende am Populismus ist das Versprechen einfacher Antworten auf komplexe Fragestellungen. Gerade Diktaturen haben den Vorteil der zentralen Steuerung, der schnellen Entscheidungsfindung und der Kontrolle über die Gedanken der Bevölkerung. Es ist nicht verwunderlich, dass für einige Politiker empfänglich für diktatorische Ansätze sind: Wir haben in Österreich und den Vereinigten Staaten gesehen, dass Wahlen durch soziale Medien erheblich beeinflusst werden können. Im März 2018 berichteten mehrere Medien über die Geschäftspraktiken von Cambridge Analytica: Das Unternehmen sammelte personenbezogene Daten von Facebook-Nutzern unter der Vereinbarung der Nutzung zu akademischen Zwecken. Parallel hat Cambridge Analytica die digitalen Kampagnen von Donald Trump durchgeführt. Am 23. März 2018 erteilte der britische High Court einen Durchsuchungsbefehl für die Londoner Büros von Cambridge Analytica. Der Vorwurf: Das Unternehmen hat auf persönlichen Daten von bis zu 87 Mio. Facebook-Nutzern zugegriffen, in dem es die Kontakte der von etwa 270.000 Facebook-Nutzer erworben App „This Is Your Digital Life" verwendet hat. (Wikipedia, o. J.) Der App-Entwickler verstieß gegen die Nutzungsbedingungen von Facebook, indem er die Daten an Cambridge Analytica weitergab. Inwieweit hat Donald Trump die Präsidentschaftswahlen aufgrund der Arbeit von Cambridge Analytica gewonnen hat ist nicht feststellbar. Die bereits stattfindende Erosion des Vertrauens in die traditionelle westliche Politik und ihre Institutionen hat einen weiteren schweren Schlag erhalten. Die Situation ist nicht besser in Europa: Ausgehend von einem langanhaltenden Legitimitätsverlust, der zunehmenden Anti-EU-Stimmung innerhalb einzelner Mitgliedstaaten, der anhaltenden Flüchtlingskrise, dem ungelösten Ukraine-Konflikt und der Unmöglichkeit, die anhaltende Corona-Krise dauerhaft zu überwinden, trägt die EU dazu bei, dass die Fähigkeit Brüssels, als geopolitische Macht zu agieren, nicht mehr gegeben ist.

2.1.3 Nachhaltigkeit als Geschäftsmodell ersetzt Symbolpolitik

Bei mehr und mehr Unternehmen steht Nachhaltigkeit im Mittelpunkt der geschäftlichen Überlegungen. Die Unternehmen haben verstanden, dass symbolische Maßnahmen wie die Umstellung der Glühbirnen in den Büroräumen auf LED bei gleichzeitigem Betrieb eines Hochofens nicht ausreichen – weder zur Beruhigung der Öffentlichkeit noch für das größere Ziel, den vom Menschen verursachten Einfluss auf die globale Erwärmung zu begrenzen. Die Herausforderungen sind gewaltig: Wir müssen Lösungen finden, die einen minimalem ökologischem Fußabdruck erzeugen, anstatt Produkte für eine begrenzte Nutzung zu verkaufen. Dies erfordert eine Betrachtung des gesamten Lebenszyklus eines Produkts – von der Wiege bis zur Bahre – unter Berücksichtigung aller Faktoren: Design, Herstellung, Transport, Nutzung und Recycling. Ein gutes Beispiel ist der Heimwerkerbereich: Um ein Bild in einer Wohnung aufzuhängen, braucht man eine Bohrmaschine, einen Schraubenzieher, einen Dübel und eine Schraube. Es reicht nicht aus, eine elektrische Bohrmaschine umweltfreundlicher zu machen, in dem man ihren Stromverbrauch senkt. Stattdessen müssen Unternehmen vom Ergebnis denken: Gibt es innovative Lösungen, die den gleichen Effekt wie das Aufhängen eines Bildes ohne diese Geräte erzielen? Dies wird zu einer Entwicklung völlig neuer Produkte und Dienstleistungen führen, die den gesamten ökologischen Fußabdruck im Blick haben.

Die Verteilung des Energieverbrauchs in Deutschland wird angeführt vom Verkehr (30 %), der Industrie (29 %), den Haushalten (26 %) und den Unternehmen (15 %). Lediglich 20 % der Energie in Haushalten bezieht sich auf Elektrizität. (Umweltbundesamt, 2022) Daher wird der Wohnungsbau einen erheblichen Einfluss auf die Schaffung neuer umweltfreundlicher Geschäftsmodelle haben. Die Zeit der Eigenheime aus Ziegeln und Beton wird eher früher als später zu Ende gehen: Die Gesellschaft wandelt sich von den traditionellen Familienmodellen hin zu mehr Individualismus (2019 gab es in Deutschland bereits 17,56 Mio. Ein-Personen-Haushalte) und die eigene Wohnung als Statussymbol werden sich in Ballungszentren weniger Menschen leisten können und viel auch nicht mehr leisten wollen. Das verändert nicht nur die Nachfrage nach Wohnraum, sondern ermöglicht auch neue Bauweisen, die sowohl beim Bau als auch im Betrieb weniger Energie verbrauchen: Holzkonstruktionen sind in Bezug auf die Gesamtauswirkungen des Lebenszyklus besser, werden in kürzerer Zeit errichtet und ermöglichen eine größere Flexibilität bei der Anpassung an veränderte Grundrisse. Schon heute können Mehrfamilienhäuser mit bis zu 20 Stockwerken aus Holz gebaut werden, und der Brandschutz ist dem von Beton ebenbürtig.

Während diese neue Form des Wohnens immer noch gewinnorientiert ist, verfolgen Sozialunternehmen seit Jahrzehnten einen radikaleren Ansatz. Ein Sozialunternehmen ist eine Organisation, die kommerzielle Strategien anwendet, um das finanzielle, soziale und ökologische Wohlergehen zu maximieren – dies kann neben dem Gewinn für die Miteigentümer auch die Maximierung der sozialen Wirkung beinhalten. Sozialunternehmen können als gewinnorientiert oder gemeinnützig strukturiert sein und die Form einer Genossenschaft, einer Organisation auf Gegenseitigkeit, einer nicht anerkannten Einrichtung, eines Sozialunternehmens, einer gemeinnützigen Gesellschaft, einer Gesellschaft mit beschränkter Haftung oder einer Wohltätigkeitsorganisation annehmen (je nachdem, in welchem Land die Einrichtung existiert und welche Rechtsformen verfügbar sind). Sozialunternehmen verfolgen sowohl wirtschaftliche als auch soziale Ziele. Folglich sind ihre sozialen Ziele in ihre Zielsetzung eingebettet, wodurch sie sich von anderen Organisationen und Unternehmen unterscheiden. Bekannte Beispiele sind John Lewis Partnership (betreibt Lebensmittelgeschäfte im Vereinigten Königreich), Divine Chocolate (Kuapa Kokoo bietet fair gehandelte Bio-Schokolade an) und die Raiffeisenbank in Deutschland. Die Unternehmen der Alternativbewegung sind sozial engagiert – bis heute in Berlin Oktoberdruck, die Regenbogenfabrik und auch die Spedition Zapf Umzüge. Im Vereinigten Königreich gibt es schon heute über 15.000 Sozialunternehmen die als Companies Limited by Guarantee oder Industrial and Provident Societies eingetragen sind. Dies entspricht 1,2 % aller Unternehmen in Großbritannien. Gewinne zu erzielen und dem Allgemeinwohl verpflichtet zu sein, sind keine Widersprüche. Bosch als Automobilzulieferer, Konsumgüterhersteller und Gebäudetechniker verfügt über 398.200 Mitarbeitern und erzielt 77 Mrd. Umsatz. Das Unternehmen ist zu 94 % im Besitz einer gemeinnützigen Stiftung: Die Robert Bosch Stiftung ist eine Kapitalgesellschaft in Form einer GmbH, wobei das Unternehmen nur die Rechtsform einer Stiftung im Namen trägt und somit eine stiftungsähnliche Rechtsperson ist. Im Jahr 2019 betrug die Fördersumme rund 105 Mio. EUR. Seit ihrer Gründung im Jahr 1964 hat die Robert Bosch Stiftung rund 1,8 Mrd. EUR für gemeinnützige Zwecke ausgegeben. Als Gesellschafterin erhält die Stiftung anteilig die ausgeschütteten Dividenden, obwohl sie als gemeinnützige Stiftung nicht unternehmerisch tätig ist. Sie hat die Stimmrechte der Anteile auf die Robert Bosch Industrietreuhand KG übertragen, was eine klare Trennung zwischen wirtschaftlichen und philanthropischen Aspekten bedeutet. Die Stiftung verwaltet ihr Vermögen im Sinne von Robert Bosch. 1886 gründete Robert Bosch in Stuttgart die Werkstätte für Feinmechanik und Elektrotechnik. Sie ist die Wurzel des heutigen Weltunternehmens, das von Anfang an von Innovationskraft und sozialem Engagement geprägt war. Robert Bosch war ein gesellschaftspolitischer Feuerkopf, ein Visionär und ein umsichtiger Patriarch. Er prägt das Unternehmen und die Robert Bosch Stiftung bis heute. An seinem 80. Geburtstag formulierte Robert Bosch seinen Wunsch für die Zeit nach ihm: „Bewahren Sie sich diesen Geist der Hingabe an die große gemeinsame Aufgabe […] immer zum Wohle aller Mitarbeiter und zum Wohle des Unternehmens selbst, das mir so am Herzen liegt wie mein Lebenswerk." (Bosch, 2022; Statista, 2021) In seinem Testament hinterließ Robert Bosch genaue Vorgaben, wie das Unternehmen nach seinem Tod in seinem Sinne weitergeführt werden sollte. Damit wurde der Weg für die heutige Unternehmensverfassung geebnet, deren Grundlage die dauerhafte Sicherung der unternehmerischen Selbstständigkeit, die Verbindung zwischen Familie und Unternehmen und die Verwendung der Dividende für das Gemeinwohl ist.

2.2 Wirtschaftliche Folgen für Unternehmen

Führungskräfte stehen vor der Herausforderung, die Wirkbeziehungen zwischen Inputfaktoren und Geschäftsergebnissen klar zu definieren, um ihre Mitarbeiter zu motivieren, am übergeordneten Unternehmensziel zu arbeiten. Dies geht einher mit einem systematischen Ansatz zur Problemlösung durch die Verknüpfung von Daten und Erkenntnissen verschiedener Unternehmensteile.

Die flächendeckende und allumfassende Nutzung mobiler Datenverbindungen ist der hauptsächliche Technologietreiber. Er führt zu einer Konvergenz von Innovationen, die bestehende Geschäftsmodelle verändert und Unternehmen ermöglicht, völlig neue Geschäftsfelder zu erschließen. Führungskräfte, die sich auf diesen allumfassenden Wandel einlassen, haben die besten Aussichten.

2.2.1   Vom Input zum Output, vom Output zur Relevanz und von der Relevanz zur Wirkung

Wenn Millennials zu Entscheidungsträgern werden, weht ein neuer Geist. Bereits heute sind 70 % der 25- bis 35-Jährigen an der Entscheidungsfindung für die Beschaffung von Produkten und Dienstleistungen in Unternehmen beteiligt (WBR, 2019). Entweder weil Sie im Einkauf arbeiten oder im Fachbereich Waren benötigen und die Beschaffungsträger bei der Auswahl der Lieferanten beraten. Ähnliche Durchdringungen finden sich in zahlreichen Führungsfunktionen. Mitarbeiter fordern Teilhabe ein und erwarten eine Unternehmenskultur, wie sie sie zu Hause mit ihren Familien kennen. Sie möchten auf Augenhöhe mit ihren Führungskräften sprechen, erwarten größte Flexibilität, um Geschäfts- und Privatleben zu verbinden, und möchten aktiv Einfluss nehmen auf die Unternehmensergebnisse. Häufig sind sie angetrieben von einem Sinn für das große Ganze und verabscheuen Firmenpolitik und traditionelle Statussymbole. Statt über Anwesenheit im Büro definieren sich Millennials über die von ihnen erzielten Ergebnisse und den Wertbeitrag zu einem größeren Ganzen. Viele Unternehmen gewöhnen sich an diese neue Kultur und sie mag weitreichend akzeptiert sein, aber wenn jemand eine ganze Woche von zu Hause gearbeitet hat, stellen Führungskräfte immer noch gerne Fragen – unabhängig von den positiven Ergebnissen.

Die Covid-19 Pandemie machte deutlich, welche Dinge im Geschäftsleben unverzichtbar sind und was entbehrlich ist. Ein Beispiel ist die Modeindustrie: Die Pandemie hat nicht nur die Lieferketten der Textilindustrie hart getroffen, sondern die Systemfrage nach der Notwendigkeit ständigen Konsums neu entfacht. Modehersteller und -händler standen bereits vor 2020 unter erheblichem Druck. Im Frühjahr 2020 waren die stationären Geschäfte wochenlang geschlossen, nach der Wiedereröffnung galten strenge Auflagen – und im umsatzstarken Weihnachtsgeschäft und bis ins Frühjahr 2021 waren die Geschäfte erneut geschlossen. Das Online-Geschäft kann diese Verluste nur teilweise kompensieren. Hinzu kommt, dass viele Menschen noch im Home-Office arbeiten. Dadurch kaufen sie nicht nur seltener im stationären Handel ein, sondern benötigen insgesamt auch weniger Kleidung zum Ausgehen. Und auch in der Freizeit gibt es kaum noch Anlässe, die zum Kauf neuer Kleidung anregen. Diese Entwicklungen stürzen die Modeindustrie in eine tiefe wirtschaftliche Krise. Im März und April 2020 sanken in Deutschland die Umsätze im stationären Einzelhandel mit Textilien um 42 bzw. 76 % im Vergleich zum Vorjahr. Im Mai und Juni 2020, nach Aufhebung der Beschränkungen, lagen die Umsätze 29 bzw. 22 % unter dem Vorjahr (Hohmann, 2021). Der Bedarf nach „Ausgehmode" ist schlicht viel geringer als zuvor. Mitarbeiter verbringen „New Work" in unterschiedlichen räumlichen Konzepten – in jedem Fall jedoch weniger am festen Arbeitsplatz im Unternehmen. Während es weiterhin die Notwendigkeit gibt, mit Kollegen und Teams in einer physischen Umgebung zusammenzuarbeiten und zu kommunizieren, ist in anderen Arbeitsphasen die Effizienz im Home Office deutlich höher. Durch die Verringerung der Pendel- und Reisezeiten, die Umwandlung von einstündigen Besprechungen in einen 15-minütigen Austausch und die Erhöhung der Flexibilität durch die Verringerung der Anzahl der an den Entscheidungsprozessen beteiligten Personen lassen sich große Effizienzgewinne erzielen.

Die Zeit, in der Arbeitnehmer in der wissensbasierten Wirtschaft von Montag bis Freitag physisch im Büro anwesend sein mussten, ist endgültig vorbei. Mitarbeiter erwarten jedoch weiterhin Zuversicht und Verlässlichkeit von ihrem Arbeitgeber. In Zeiten von Veränderungsprozessen spielt der Tonfall der Kommunikation die entscheidende Rolle. Die Vermischung von beruflichem und privatem Kontext in den sozialen Medien lässt sich auf allen Ebenen beobachten. Es ist eine Zeit für „Ich-Verkäufer" und extrovertierte Menschen, für Menschen, die es perfektioniert haben, vor anderen zu glänzen. Führungskräfte müssen jedoch alle Mitarbeitergruppen im Fokus haben und verhindern, dass einzelne Persönlichkeitstypen die unternehmerische Entwicklung und das Sozialgefüge dominieren. Es geht dabei um eine Balance zwischen professionell-beruflicher und jovial-privater Kommunikation. Indem Führungskräfte alle Mitarbeiter gleichermaßen ergebnisorientiert behandeln, und ihnen gleichzeitig mit einer klaren Input-Struktur an Zielen helfen, erfolgreich zu sein und die gesteckten Output Ziele zu erreichen. Führungskräfte orientieren gleichzeitig sich an einem neuen Kompass zur Unternehmensführung, der den Schwerpunkt auf die Ergebnisse legt. Wirkung für das eigene Unternehmen, für die Aufgaben des Teams und für jeden Einzelnen. Es gilt zu verstehen, welche Input-Faktoren welchen Output antreiben, basierend auf tatsächliche faktenbasierte Kundenfälle, die sich innerhalb einer Gruppe skalieren lassen. Kernfragen sind, welcher Outputfaktor trägt zur Geschäftsrelevanz bei? Und wie lässt sich die Wirkung durch die richtigen relevanten Aktivitäten maximieren?

2.2.2 Interdisziplinäres Handeln zur Förderung der Kreativität

Ein Mangel an Innovation ist oft auf fehlende Fähigkeiten zurückzuführen. Unternehmen verwenden regelmäßig viel Mühe darauf, fachliche Lücken zu schließen und Mitarbeiter zu befähigen. Traditionelle Unternehmen denken und handeln in internen Prozessen und nicht in Kundenbedürfnissen: Wenn sie ihre internen Abläufe optimieren wollen, gehen sie von einem Bestand an komplexen Prozessen, Schnittstellen und nicht automatisierten Arbeitsschritten aus. Ausgehend von dieser Komplexität überlegen sie in langwierigen Prozesssitzungen, wie sie die Abläufe durch die Eliminierung von Prozessschritten vereinfachen können. Gleichzeitig fügen sie mehr Komplexität hinzu, um den digitalen Kommunikationsbedürfnissen der Kunden gerecht zu werden. Am Ende sind die Prozesse gestrafft und bruchfrei, aber komplexer als zuvor.

Das Ausmaß der heutigen systematischen Probleme wie Klimawandel, globale Pandemien und systematische Arbeitslosigkeit erfordert die Fähigkeit, interdisziplinär zu denken und mit zahlreichen Stakeholdern zusammenzuarbeiten. Verbindung bedeutet, einen systemischen Ansatz zur Problemlösung zu verfolgen, zu verstehen, wie ein Problem mit der Lösung zusammenhängt. Die Anhebung des Renteneintrittsalters beispielsweise wird sich gleichzeitig auf die Renten und die Jugendbeschäftigung auswirken. Führungskräfte können sich nicht nur auf aktualisierte Betriebssysteme, KPIs und Verfahren verlassen. Sie brauchen auch interdisziplinäre Kreativität und die Fähigkeit, innovative Lösungen für komplexe Probleme zu finden. Dabei geht es nicht darum, jeden Tag neue Produkte und Dienstleistungen zu erfinden oder eine Forschungs- und Entwicklungsabteilung zu unterhalten, sondern um eine bestimmte Denkweise und einen kreativen Prozess. Ein Beispiel für eine solche Denkweise ist die Nutzung von Wissen und Erfahrung in einer Disziplin und deren Übertragung auf eine andere. Genau das tat Steve Jobs, als er sich in Andy Warhols Porträt von John Lennon verliebte. Er verwendete dasselbe Farbschema für die ersten Apple-Produkte. Apple war nicht das erste Unternehmen, das unkonventionelle Farben für seine Produkte verwendete. Olivetti begann in den 70er Jahren mit einer revolutionären Schreibmaschine namens Valentina. Diese Maschine war in mehreren leuchtenden Farben erhältlich – ein so revolutionärer Ansatz, dass heute ein Exemplar im Designmuseum in London ausgestellt ist.

2.2.3 Innovationen durch Konvergenz

Wir sprechen von Konvergenz, wenn ein neues Produkt oder eine neue Dienstleistung dazu beiträgt, einen neuen Markt zu schaffen und bestehende Produkte, Märkte oder Branchen erheblich zu verkleinern, zu verändern oder zu zerstören. Wir befinden uns mitten in der massenhaften Einführung neuer technologiegestützter Geschäftsmodelle. Die treibenden Kräfte sind standortbezogene mobile Daten, die Sharing Economy und die Verbindung von Menschen über soziale Medien. Smartphones in

Verbindung mit Kartendiensten wie Google Maps ermöglichen standortbezogene Dienste, beispielsweise die Suche nach dem nächstgelegenen Restaurant, das einfache Mieten von Autos oder Fahrrädern oder das unkomplizierte Buchen eines Nahverkehrstickets. Es gibt heute eine breite Akzeptanz der Sharing Economy, die den Trend zum Mieten statt zum Besitzen verstärkt (beispielsweise Carsharing, Ride Hailing, Vermietung von Privatunterkünften). Der Verkaufsmotor, der eine gezielte Kundenansprache mit geringen Streuverlusten und Empfehlungen von Freunden ermöglicht, sind die sozialen Medien. In diesem digitalen Polypol können unbegrenzt viele Anbieter ihre Lösungen offerieren – mit niedrigen Eintrittsbarrieren durch die Nutzung von Partner-Infrastrukturen (beispielsweise gibt es Platformen, die alle Carsharing-Anbieter in einer zentralen App bündeln) mit niedrigen Grenzkosten (das Investment sind zusätzliche Rechenkapazitäten in der Cloud, die Millisekundengenau automatisiert dazu gebucht werden können). Konvergenz ist aber mehr – nämlich die Verbindung von der Online- zur Offline-Welt. Ein überzeugendes Beispiel ist der virtuelle Laden, der in der ersten Jahreshälfte vom Shanghaier Luxuskaufhaus K11 eingeführt wurde und der es den Besuchern ermöglicht, 46 verschiedene Markengeschäfte über WeChat zu besuchen und Waren zu erwerben. WeChat stellt die Bezahlungsplatform bereit, mit der man Produkte und Dienstleistungen direkt aus dem personalisierten Datenfeed kaufen kann. Beim nächsten persönlichen Besuch im Kaufhaus stehen online Daten für eine Beratung durch die Mitarbeiter zur Verfügung, um bessere personalisierte Empfehlungen in der Offline-Welt realisieren zu können. Es wird eine Frage der Zeit sein, wann diese Funktion ihren Weg in die etablierten westlichen Social-Media-Kanäle finden wird.

Jede neue Technologie bringt mehr Funktionen und geringere Kosten. Die Einführungen verlaufen meist als sogenannte S-Kurven. Aufgrund von historischen Daten dauert es im Schnitt 10 Jahre vom initialen Wendepunkt bis zur Verlangsamung der Einführung. Als im Jahr 1900 die ersten Autos auf den Markt kamen, wurde der Individualverkehr in New York City innerhalb von 10 Jahren von Pferdefuhrwerken auf Autos umgestellt. (Mauro, H. 2021) Im Zuge dieses Wandels entstanden zwei neue Industrien (Automobil- und Ölindustrie), die Straßeninfrastruktur wurde fertiggestellt, und der Erste Weltkrieg fand statt. Tony Seba, einer der weltweiten Vordenker auf dem Gebiet des Verkehrswesens, prognostiziert, dass die sogenannte saubere Disruption von Energie und Verkehr die schnellste, tiefgreifendste und folgenreichste Disruption in der Geschichte sein wird. Wenn wir diese Umwälzungen analysieren und antizipieren, können wir lernen, deren immense Vorteile zu nutzen und die Nachteile abzumildern. Die Schlüsseltechnologien Elektrofahrzeuge und autonomes Fahren, Geschäftsmodellinnovationen (Ride Hailing, Transport-as-a-Service und kostenlose Angebote) werden sich auf sämtliche bestehende Unternehmen und Branchen in dramatischer Weise auswirken. Am deutlichsten betroffen sind das Finanzwesen, die Schwerindustrie, die Städte und allgemeine gesellschaftliche Infrastruktur. Die Technologiekonvergenz für Transport-as-a-Service (TaaS) wird bedarfsgesteuert, autonom und elektrisch sein. Flottenbetreiber ersetzen Einzelpersonen als Eigentümer. Das Modell wird 10-mal günstiger sein als die derzeitige benzinbasierte individuelle Mobilität in den Vereinigten Staaten. Dieser 10-fache Faktor entspricht den derzeitigen Preisunterschieden zwischen dem öffentlichen Nahverkehr und der Nutzung des eigenen Autos in Europa. Die finanziellen, sozialen, wirtschaftlichen und geopolitischen

Auswirkungen werden enorm sein. Prominente Beispiele sind Flächennutzung, Bauwesen und Immobilien. Die Entwicklung von Planungsstrategien für die Wiederverwendung von nicht benötigten Verkehrsinfrastrukturen, Parkplätzen und Straßenrandparkplätzen wird eine der interessantesten Betätigungsfelder der nächsten Jahre sein.

Solche Umwälzungen verändern den Geschmack und die Vorlieben der Konsumenten: Während Länder wie Deutschland stolz auf die Qualität ihrer Autohersteller und die Präzision der Dieselmotoren sind und es auf den Autobahnen keine Geschwindigkeitsbegrenzung gibt, die eine alltägliche Fahrt das Auto an physische Grenzen bringen kann, werden sich die Vorlieben schnell ändern: Der Prozentsatz der 18-Jährigen, die einen Führerschein machen, schrumpft von Jahr zu Jahr, Geschäftsreisende genießen Entspannung und Zeit für Vorbereitung oder virtuelle Meetings mehr als das Sitzen hinter einem Lenkrad. Und nicht zuletzt variieren die Präferenzen je nach Gesellschaft oder Land. Vor Jahren waren Länder wie Finnland mit ihrer Home-Office-Politik in Europa führend, die es den Mitarbeitern erlaubte, von überall aus zu arbeiten. Covid-19 wird sich die breite Akzeptanz des flexiblen Arbeitens für Menschen oder direkten Kundenkontakt fortsetzen. Mitarbeiter werden nicht mehr zu festgelegten Kernarbeitszeiten im Büro sein und die Pendlerströme werden sich entzerren – was eine flexiblere Transportlösung ermöglicht. Aus der Sicht des TaaS-Anbieters könnten zusätzliche Dienste wie Unterhaltung (Filme, virtuelle Realität), Arbeitsdienste (Büros auf Rädern) und Speisen und Getränke (Starbucks Coffee on wheels) angeboten werden. Völlig neue Geschäftsmodelle werden entstehen, da Starbucks durch die kostenlose Mitfahrgelegenheit in einer Café-ähnlichen Umgebung auf teure Filialen in der Stadt verzichten kann. Die Anbieter könnten als Distributoren fungieren und Einnahmen über eine Reihe von Geschäftsmodellen erzielen, darunter einen Prozentsatz der auf ihrer Plattform erzielten Umsätze (wie in den Amazon- und Apple-Stores), Werbeeinnahmen aus der Unterhaltung an Bord (ähnlich den Modellen von Facebook und Google AdWords) oder die noch nicht entwickelten Geschäftsinnovationen, die sich wahrscheinlich aus der TaaS-Disruption ergeben werden. Schon heute ist der größte Parkplatzbetreiber in den USA eine Cloud-Küche. Diese Dark Kitchens sind Industrieunternehmen, die Mahlzeiten in großem Maßstab für Kunden zubereiten, die diese online bestellen und zu Hause essen. In Europa wurden diese Küchen bereits in mehreren Londoner Stadtteilen an zentralen Verkehrsknotenpunkten errichtet. Wer sich ein paar Minuten Zeit nimmt, um das Treiben rund um die Metallboxen zu beobachten, wird bald von den Aromen und Gerüchen aus aller Welt in den Bann gezogen, sobald ein Kurierfahrer die Tür öffnet. Ein pikantes Curry vermischt sich mit mexikanischen Gewürzen und einem Hauch italienischer Kräuter. Wer einen Blick in eine der Boxen wirft, fühlt sich wie im Gourmet-Paradies: Da stehen Köche am Herd, Woks werden gefüllt, Burger aufgelegt, Pizzen aus dem Ofen geholt, es zischt, dampft und raucht. Betreiber – wie Lieferdienste oder Restaurants – statten ihre Räumlichkeiten mit moderner Küchentechnik aus, damit ihre Gerichte auch außerhalb ihres ursprünglichen Restaurants zubereitet und verkauft werden können. Der Vorteil: Sie können schneller liefern, blockieren nicht ihre ursprüngliche Produktionskapazität und generieren mehr Umsatz. Deliveroo gilt als Pionier in diesem Segment. In London hat der Online-Lieferdienst unter dem Namen Deliveroo-Editions an mehreren Standorten bereits ganze Dörfer aus Dark Kitchens aufgebaut. Auch Anbieter wie Ubereats, Supper oder Just-Eat setzen zunehmend auf diese Form der Zubereitung. Britische Unternehmen wie FoodStars haben ein anderes Konzept: Sie vermieten ihre Ghost Kitchen an unabhängige Restaurants und Start-ups. Der Markt für Lieferdienste wuchs in Deutschland zwischen 2016 und 2018 von 2 Mrd. EUR auf gut 3,6 Mrd. EUR. Bis 2022 wird ein Anstieg auf 6,8 Mrd. EUR erwartet. (Statista, 2021, o. J.) Das ist ein gutes Beispiel dafür, dass mehrere Trends zusammenkommen und sich gegenseitig beeinflussen.

2.3 Werte des unternehmerischen Handelns: Der neue Kompass

Die Veränderung persönlicher Werte und ein neues Bewusstsein führt zu einer steigenden Nachfrage nach wirtschaftsethischen Fragestellungen. Erfolgreiche Unternehmen weiterhin global – von der Beschaffung im Ausland bis hin zur Führung von Betrieben in verschiedenen Ländern, um die Stärken der Bevölkerung in verschiedenen Märkten bestmöglich zu nutzen und ein ganzheitliches, weltweit funktionierendes Kundenerlebnis zu schaffen. In diesem globalen Kontext müssen die Unternehmen einen Wertekompass entwickeln. Gleichzeitig müssen Länder, Staatengemeinschaften und Kontinente ihre Rolle auf der Grundlage der veränderten globalen Kräfteverhältnisse neu definieren – insbesondere Europa muss sich zwischen West und Ost neu orientieren. Im globalen Kontext werden die Grenzen des Wachstums immer deutlicher – sei es in der Praxis oder als Forderung von Individuen und Gesellschaften, die der Idee eines neuen Wachstumsparadigmas folgen. Daran schließt sich eine Diskussion über die Bedeutung für Unternehmen und Einzelpersonen an. Menschen brauchen Werte und einen eigenen Kompass – das Bauchgefühl, Schicksal, Religion oder Karma. Über Generationen hinweg war die Religion in Europa das Mittel, um das Leben der Gesellschaft zu organisieren – von individuellen Werten (die 10 Gebote) über Familien und Dörfer bis hin zur Organisation von Staaten. Mit der Taufe und der Konfirmation wurden die Menschen in sehr jungen Jahren Teil der christlichen Religion und mussten sich aktiv abmelden, wenn sie an etwas anderes glauben wollten. Andere Werte – vor allem der Kapitalismus – sind dabei, die von der christlichen Kirche postulierten Werte seit Jahren (und wahrscheinlich auch in den kommenden Jahren) zu ersetzen. Das Fest der Geburt Jesu Christi, früher das zweithöchste Fest nach dem Fest der Auferstehung Christi, hat sich zu einer gigantischen globalen Verkaufsveranstaltung entwickelt – selbst Covid-19 konnte diese Entwicklung im Jahr 2020 nicht aufhalten. Allerdings nimmt der Einfluss der großen Kirchen in der westlichen Welt von Jahr zu Jahr ab. Ende 2019 gehören insgesamt 52,1 % der Deutschen zu einer der beiden großen Kirchen. Wie eine Umfrage des Eurobarometers der Europäischen Kommission vom Dezember 2018 zeigt, fühlt sich auch heute nur eine Minderheit im Osten Deutschlands dem Christentum zugehörig, während sich im Westen eine deutliche Mehrheit zur christlichen Religion bekennt. (Eurobarometer, 2019; Statista, 2021) Offenbar fühlen sich die Menschen mit den Werten des Christentums verbunden, haben sich aber von der Organisation Kirche verabschiedet, von einem Hoch im Jahr 1950 mit der überwiegenden Mehrheit über einen Anteil der Konfessionslosen auf heute rund ein Drittel der Bevölkerung. Es besteht ein Bedarf an Orientierung und Struktur jenseits religiöser, regulatorischer und rechtlicher Anforderungen. Ethik, der internationale Wertekontext und die adaptive Stabilisierung können hier Angebote bieten.

2.3.1 Grundsätze ethischen Handelns

Wirtschaftsethiker versuchen im Rahmen einer normativen Betrachtung die ethischen Konturen der Wirtschaftstätigkeit zu verstehen und Grundsätze für richtiges Handeln in der Wirtschaft zu entwickeln. Eine Möglichkeit besteht darin, einen normativen Rahmen zu wählen und dessen Auswirkungen auf eine Reihe von Fragen in der Wirtschaft herauszuarbeiten. Ein einflussreicher Ansatz für die Wirtschaftsethik basiert auf der Tugendethik: Es gibt bestimmte Güter, die den Praktiken innewohnen, und bestimmte Tugenden sind notwendig, um diese Güter zu erreichen. Führende Persönlichkeiten haben sich auch von der aristotelischen Idee inspirieren lassen, dass das gute Leben in einer Gemeinschaft erreicht wird. Sie haben darüber nachgedacht, wie Unternehmensgemeinschaften strukturiert sein müssen, damit ihre Mitglieder sich entfalten können. Ein weiterer wichtiger Ansatz für das Studium der Wirtschaftsethik ist, dass der Mensch immer als Zweck und nie nur als Mittel behandelt werden sollte. Er hat sich als besonders fruchtbar für die Analyse der menschlichen Interaktionen erwiesen, die den Kern der kommerziellen Transaktionen bilden. In einem wettbewerbsorientierten Markt können Menschen versucht sein, andere zu täuschen, zu betrügen oder zu manipulieren, um sich einen Vorteil zu verschaffen. Die kantische Moraltheorie hebt diese Handlungen als Verletzung der Menschenwürde hervor. Die ethische Theorie ist nützlich, um darüber nachzudenken, wie sich die Menschen im geschäftlichen Kontext zueinander verhalten sollten. Aber die Wirtschaftsethik umfasst auch die Gesetze und Vorschriften, die Märkte und Organisationen strukturieren. Und hier scheint die politische Theorie relevanter zu sein: Mehrere Wirtschaftsethiker haben versucht, die Implikationen von John Rawls' Gerechtigkeit als Fairness – seit 1971 die vorherrschende Theorie der Gerechtigkeit in der englischsprachigen Welt – für die Wirtschaft zu ermitteln. Ein anderer Ansatz für die Wirtschaftsethik ist der sogenannte Ansatz des Marktversagens: Der Grund, warum wir eine marktbasierte Wirtschaft im Gegensatz zu einer Kommandowirtschaft haben, ist, dass Märkte effizienter sind. Märkte versagen jedoch aufgrund von unvollständigen Informationen, externen Effekten, Transaktionskosten und vielem mehr. Der Staat korrigiert viele Marktmängel durch Regulierung. Wir setzen Grenzwerte für die Umweltverschmutzung fest und schreiben unter anderem die Wahrheit in der Werbung vor. Aber wir wollen und können nicht für jedes Marktversagen Vorschriften erlassen. Hier kommt die Wirtschaftsethik ins Spiel: Geschäftsleute haben die moralische Verpflichtung, nicht das Marktversagen auszunutzen, das das Gesetz ihnen erlaubt, auszunutzen. Anders ausgedrückt: Die moralischen Verpflichtungen von Unternehmern werden durch das ideale Regulierungssystem bestimmt. Neben dem normativen Rahmen besteht ein weiterer Ansatz darin, eine Geschäftätigkeit zu identifizieren und sie dann anhand von Intuitionen und Prinzipien zu analysieren, die vielen moralischen und politischen Theorien gemeinsam sind. (Moriarty, 2021) Große Technologieunternehmen haben gerade erst damit begonnen, über ethische Fragen als Teil ihrer Rolle in der Gesellschaft nachzudenken. Je mehr man sich in ethische Fragen vertieft, desto schwieriger wird es, eine eigene kohärente Position zu finden. In Ermangelung allgemein akzeptierter Grundsätze müssen Führungskräfte ihr eigenes Gespür entwickeln und Leitprinzipien für den Umgang mit Grauzonen in ethischen Fragen definieren. Sie müssen eine gemeinsam akzeptierte und unternehmensweit gültige Vorgehensweise entwickeln – ähnlich wie bei anderen Geschäfts- oder Führungsprinzipien – und sicherstellen, dass diese Regeln so klar wie möglich sind und im gesamten Unternehmen umgesetzt werden.

2.3.2 Internationaler Wertekontext

Viele Unternehmen sind seit vielen Jahren über gesellschaftliche und nationale Grenzen hinweg tätig. Durch ein neues Bewusstsein in der Bevölkerung nimmt die Bedeutung einiger der ethischen Fragen zu (bekannte Diskussionen drehen sich um Corporate Social Responsibility), wirft aber auch neue Fragen auf, wie beispielsweise Relativismus und Desinvestition. Eine Reihe von Wirtschaftsethikern haben ethische Kodizes für multinationale Unternehmen entwickelt. Auch internationale Organisationen haben Ethikkodizes für Unternehmen erstellt. Der vielleicht bekannteste ist der Global Compact der Vereinten Nationen, dessen Mitgliedschaft von den Unternehmen die Einhaltung einer Reihe von Regeln in den Bereichen Menschenrechte, Arbeit, Umwelt und Korruptionsbekämpfung verlangt. Für Führungskräfte stellt dies eine unmittelbarere Herausforderung dar: Wie sollten kulturelle Unterschiede in den Moralvorstellungen gehandhabt werden? Sollte die Geschäftsperson, wenn sie in einem Gastland tätig ist, die Normen des Gastlandes übernehmen oder sollte sie die Normen ihres Heimatlandes anwenden? Führungskräfte können feststellen, dass die Normen des Gastlandes nicht nur anders sind als die Normen ihres Heimatlandes, sondern auch moralisch untragbar. Dann können sie beschließen, in diesem Land keine Geschäfte zu machen. Diese Frage wurde in den 1980er und 1990er Jahren stark beachtet, als multinationale Unternehmen darüber entschieden, ob sie sich aus Südafrika unter dem Apartheidregime zurückziehen sollten. Es könnte in den kommenden Jahren erneut

Aufmerksamkeit erregen, wenn Unternehmen und andere Organisationen den Ausstieg aus der fossilen Brennstoffindustrie in Erwägung ziehen.

2.3.3 Adaptive Stabilisierung als Antwort auf die Grenzen des Wachstums

Die Ergebnisse der vom Club of Rome in Auftrag gegebenen Studie zu den Grenzen des Wachstums wurden erstmals auf internationalen Tagungen in Moskau und Rio de Janeiro im Sommer 1971 vorgestellt. Mit der Beauftragung des MIT-Teams, verfolgte der Club of Rome drei Ziele: Einblicke in die Grenzen unseres Weltsystems und die Beschränkungen, die es der Anzahl und den Aktivitäten der Menschen auferlegt, zu gewinnen; die vorherrschenden Elemente und ihre Wechselwirkungen, die das langfristige Verhalten von Weltsystemen beeinflussen, zu identifizieren und zu untersuchen; und vor den wahrscheinlichen Ergebnissen der gegenwärtigen Wirtschafts- und Industriepolitik zu warnen, um Veränderungen hin zu einem nachhaltigen Lebensstil zu bewirken. Jahre später verwendet Hartmut Rosa, Professor für Soziologie an der Universität Jena, den Begriff Resonanz, um soziale Phänomene aus einer grundlegenden menschlichen Suche nach „resonanten" Beziehungen zu erklären. (Rosa, 2017) Seine Resonanztheorie ähnelt den Aussagen des Club of Rome bezüglich der Endlichkeit unserer Ressourcen in frappierender Weise. Hartmut Rosa weist darauf hin, dass eine Gesellschaft dann modern ist, wenn sie sich nur dynamisch stabilisieren kann, das heißt auf Wachstum, Beschleunigung und die Verdichtung von Innovationen angewiesen ist, um sich zu erhalten und zu reproduzieren. Das Prinzip der dynamischen Stabilisierung ist seit dem 18. Jahrhundert in Wirtschaft, Wissenschaft,

Politik, Recht, Kunst und Literatur zu beobachten. Für den Einzelnen ist ein gelungenes Leben verbunden mit dem Versprechen, den eigenen Radius in der Welt ständig zu erweitern oder zu intensivieren: Technische, digitale und finanzielle Medien helfen uns dabei. Fahrräder und Autos bringen die Welt näher, ebenso wie Fernseher und Smartphones. Geld ist gerade deshalb so attraktiv, weil es als universellstes und abstraktestes Mittel fast alles ermöglicht. Diese Steigerungslogik findet sich daher nicht nur auf der Ebene der gesellschaftlichen Institutionen, sondern auch im Bereich der innerpsychischen Prozesse. In der kapitalistischen Moderne geht es darum, die Welt für uns verfügbar zu machen. Diese Vermehrung der Welt führt jedoch immer auch zu einem gewissen Verlust ebendieser. Dieser drückt sich auf struktureller Ebene in Desynchronisationsprozessen aus, die sich zwischen Natur und Gesellschaft sowie innerhalb sozialer Felder vollziehen. Während sich Güter und Kontakte fast unbegrenzt vermehren lassen, gilt das für Zeitressourcen jedoch nicht. Zeit muss verdichtet werden. Dabei wird es immer schwieriger, den Prozess zu dynamisieren – wer oder was zu langsam ist, bleibt zurück. Natürliche Ressourcen, politische Willensbildungsprozesse und die individuelle Psyche brauchen Zeit und können nicht in allen Bereichen gleichermaßen synchronisiert werden. Auf der anderen Seite sind statische Gesellschaften keine Alternative, da sie auf Probleme wie neue Krankheiten oder Knappheit nicht adäquat reagieren kann. Nötig ist eine Gesellschaftsformation, die zur adaptiven Stabilisierung fähig ist. Diese Gesellschaft muss auf veränderte Umweltbedingungen mit Beschleunigung, Innovation oder Wachstum reagieren können, ohne dazu fortwährend gezwungen zu sein. Die Vorbereitung auf eine solche zukünftige Postwachstumsgesellschaft ist für Führungskräfte eine große Aufgabe, da die Ausprägung derer unklar ist.

2.4 Synthese wesentlicher geschäftlicher Trends zum Aufbau neuer Unternehmen

In den kommenden Jahren werden wichtige Trends die Anforderungen an jedes Unternehmen bestimmen. Das wichtigste Prinzip ist die Idee des informierten und selbstbestimmten Kunden, der seine Kaufentscheidung auf der Grundlage einer unendlichen Menge von Informationen trifft – und nicht nach dem Zufallsprinzip einen Anbieter auswählt. Das Konsumverhalten wird nicht nur die B2C-, sondern auch die B2B-Modelle vorantreiben, da die jüngere Generation durch das Netz sozialisiert wurde und nun in der Unternehmenswelt in die Position des Entscheidungsträgers rückt. Die Technologie ermöglicht die sofortige Verfügbarkeit von Dienstleistungen und Lösungen – anstelle des komplexen Verkaufs eines Produkts. Neue Unternehmen bieten verstärkt Dienstleistungen an – in Kombination mit neuen Geschäftsmodellen. „Everything as a Service" wird unser Konsum- und Investitionsverhalten nachhaltig ändern – Geschäftsmodelle, Einkommensströme und Make-or-Buy-Entscheidungen müssen sich ändern und Unternehmen konzentrieren sich auf den Aufbau von Partnerschaften und Ecosystemen. Die horizontale Integration von Geschäftspartnern ist das Vehikel, das die verbraucherorientierte Servicewirtschaft antreibt – mit dem Schwerpunkt auf der eigenen Kundenbeziehung (und idealerweise dem Ecosystem) und der Nutzung der Ressourcen von Partnern.

2.4.1 Radikale Kundenorientierung

Das Internet hat die Rolle des Kunden sowohl im B2C- als auch im B2B-Bereich und den Grad der Individualisierung von Produkten verändert. Erfolgskriterien sind heute nicht mehr ein perfekter Prozess, sondern die Zufriedenheit des Anwenders. SAP beispielsweise hat ihr Produktportfolio im Wesentlichen auf der Grundlage von strukturieren Geschäftsprozessen entwickelt. Diese erfüllen einen unternehmerischen Zweck, und dienen nicht dazu, eine besonders schöne oder effiziente Endbenutzererfahrung sicher zu stellen. Im Gegensatz dazu konzentriete sich Salesforce bei seiner CRM-Lösung auf die Bedürfnisse des Vertriebsmitarbeiters. In der Beschaffung verfolgt Coupa einen ähnlichen Ansatz: Das Unternehmen konzentriert sich auf die Bedarfe Anforderers. Das Engagement für den Kunden steht im Mittelpunkt dessen, was erfolgreiche Unternehmen heute tun – in Kombination mit einem intelligenten Einsatz von digitalen Technologien. Unabhängig vom Grad der Regulierung der Branche nehmen Unternehmen ihre Kunden auf eine digitale Reise mit – wie tiefgreifend die Innovationen sind hängt nicht von den regulatorischen Anforderungen, sondern Appetit der Kunden auf Innovation und Experimente ab. Unternehmen können dies steuern, in dem sie Kundenbedürfnisse früher als anderen Marktteilnehmer erkennen und in fertige Lösungen umsetzen (ähnlich wie es Salesforce und Coupa getan haben).

2.4.2 Everything-as-a-Service

Everything-as-a-Service ist der Ansatz alle Dienste für Infrastruktur, Hard- und Software bis hin zur Nutzung der menschlichen Intelligenz als Service zur Verfügung zu stellen und zu konsumieren. Damit ist es der konsequente letzte Schritt, nachdem es bereits Software, Laufzeitumgebungen und Hardware as a Service gibt. Ein bekanntes Beispiel ist die Transformation von Microsoft von einem Unternehmen, das Software verkauft, in einen Dienstleistungsanbieter, der in der Cloud arbeitet und monatliche Abonnements an die Nutzer verkauft, anstatt einmalige Softwarepakete. Während Microsoft unter der Führung von Steve Ballmer die fünf größten Technologietrends verpasste, holt das Unternehmen nach der Abkehr von den Produkten „Windows" und „Office" massiv auf. In den Bereichen Suchtechnologie, Mobiltelefonie, mobile Betriebssysteme, Medien und Cloud konzentrierte sich das Unternehmen in den letzten Jahren darauf, sich bewusst von einem „Produkt- und Dienstleistungsunternehmen" in ein Produktivitäts- und Plattformunternehmen mit einem Cloud-First und einem mobilen ersten Fokus umgewandelt. Everything as a Service ist jedoch deutlich mehr als Software, Hardware und Technik. Es ist die Philosophie, Geschäftsmodelle systematisch auf die Erbringung von Dienstleistungen auszurichten. Das können technische Services, aber auch ganz alltägliche Dienstleistungen wie Mobilität, Reisen, oder Wohnen sein.

2.4.3 Horizontale Integration

Horizontale Integration wurde im Silicon Valley perfektioniert: Die Schaffung eigener Ecosysteme, die Kunden dauerhaft binden und deren Wertschöpfung über intelligente Vernetzung mit Partnern stattfindet. In Europa gibt es eine gewachsene Struktur der vertikalen Integration, indem hochkomplexe und effiziente Lieferketten gesteuert werden. Unternehmen tun sich häufig schwer, effektiv Partnerschaften entlang der Wertschöpfungskette eingeht. Das Konzept der optimalen Integration hat WeChat zur Perfektion gebracht hat – ein einfaches Benutzererlebnis für Chat, Telefon, Freundschaften und Geldüberweisungen. Alles, was man als digitaler Bürger braucht – und viel einfacher als der Silicon Valley-Stil des „Best of Breed", bei dem man für jeden Anwendungsfall eine eigene App hat. WeChat ist ein Produkt der Tencent Group (59 Mrd. $ Umsatz, 62.000 Mitarbeiter) und wird von 1,2 Mrd. Menschen aktiv genutzt, davon 100 Mio. außerhalb Chinas. (Hu, 2020).

2.4.4 Digitales Polypol: Synthese aus Kundenorientierung, As-A-Service und horizontaler Integration

Die Konzepte aus Kundenorientierung, As-A-Service und horizontaler Integration bilden eine Synthese. Das Konzept ist in etwa vergleichbar mit der konvergenten Evolution in biologischen Systemen (zum Beispiel wurden die Vorfahren der Wale in Form und Funktion den Fischen immer ähnlicher wurden, obwohl sie nicht aus einer Fischlinie stammten). Führende Unternehmen müssen mit einer klaren Wertvorstellung für den Kunden beginnen, sie müssen ihre Produkte als Dienstleistung anbieten oder idealerweise ein Ecosystem bilden, und schließlich die Stärke der horizontalen Integration durch Partnerschaften nutzen, um das Beste aus verschiedenen Branchen in einer einzigartigen Kombination zu nutzen. Das ist die Stärke des digitalen Polypols zur Entwicklung neuer Geschäftsmodelle. Eine Idee, die diese Konvergenz veranschaulicht, ist Living as a Service (LaaS). Es kann als eine Weiterentwicklung des temporären Wohnens mit zusätzlichen Vorteilen betrachtet werden. Betrachtet man das Kundenproblem in den westlichen Gesellschaften, so hat bezahlbarer Wohnraum, der Sicherheit in Bezug auf Verfügbarkeit und monatliche Gebührenobergrenzen bietet, aber auch die Möglichkeit bietet, die Anzahl der Wohnungen zu erhöhen oder zu verringern, wenn sich die eigene Beziehungs- oder Familiensituation ändert, höchste Priorität. Unabhängig davon, ob der Prozentsatz der Eigenheimbesitzer traditionell geringer ist als in Deutschland (im Vergleich beispielsweise zu Italien) oder ob die Menschen früher oder später in ihre erste eigene Wohnung ziehen, besteht zu einem bestimmten Zeitpunkt im Leben des Einzelnen ein Bedarf an kleinen und erschwinglichen Wohnungen, der sich schließlich in einen höheren Platzbedarf in einer Beziehung und den Wunsch nach einem Umzug aus den geschäftigen Städten in das naturnähere Umland verwandelt, sobald die Kinder da sind. Zweitens gibt es immer mehr gemischte Familien mit wechselnden Beziehungen und einer weniger klaren Mutter-Vater-Kind-Struktur (Patchwork). Die Vision für Mieter in jeder Lebensphase ist also ein Full-Service-Wohnangebot mit garantierten Gebühren, das Kostensicherheit durch eine Kappungsgrenze und eine monatliche Up-/Downgrade-Option bietet. Die Hypothese ist, dass die Menschen ihren Wohnraum nicht besitzen müssen, solange sie die gleichen Vorteile genießen können, die sich vor allem in garantierter Verfügbarkeit (kein Vermieter, der die Mieter rauswirft) und Preissicherheit äußern. Die Umsetzung dieser Vision würde durch Wohnkomplexe erfolgen, die aus verschiedenen Gebäuden mit Wohnungen unterschiedlicher Größe und Bauweise bis hin zu Stadthäusern bestehen. Die Mieter zahlen eine monatliche Gebühr, die sich nach der genutzten Quadratmeterzahl, der Lage und dem vereinbarten Leistungsumfang richtet. Die Gebühr umfasst alle Kosten – Wohnen, Nebenkosten,

Möbel – und wird für 20 Jahre mit jährlicher Anpassung an den Preisindex garantiert. Während der Vertragslaufzeit können die Mieter mit einer Vorankündigungsfrist von 30 Tagen eine niedrigere oder höhere Miete vereinbaren (sofern verfügbar). Kleinere Wohnungen liegen direkt neben größeren, und sie können innerhalb eines Tages zusammengelegt oder getrennt werden. Ein interner Transportdienst verpackt und transportiert alle Güter innerhalb von 8 h in die neue Wohnung. Wenn die Anlage groß genug und architektonisch gut durchdacht ist, wird es genügend Angebote geben, um die Wünsche der Mieter nach Up- und Downgrades zu erfüllen. Zusätzliche Anreize könnten gegeben werden, wenn bestimmte Größen in einem bestimmten Zeitraum stärker nachgefragt werden. So könnten beispielsweise ältere Menschen einen einmaligen Bonus erhalten, wenn sie sich bereit erklären, in eine kleinere Wohnung umzuziehen, um Platz für eine neue Familie zu schaffen. Die beteiligten Unternehmen wären Grundstückseigentümer, die Immobilien errichten, Betreiber, die die Einrichtungen betreiben, und Vertriebs-/Verwaltungsunternehmen, die die Mieterbasis verwalten. Die Effizienz wird durch Skalierung mit mindestens 100 Einheiten an jedem Standort erreicht. Das Modell kann mit Anpassungen an die lokale Gesetzgebung und das Kundenverhalten weltweit repliziert werden. Von außen könnten die Gebäude wie jedes andere typische Apartmenthaus einer Region aussehen, und sogar die Übertragung ehemaliger Standardwohnungen oder sogar von Büroflächen in dieses Modell wäre möglich. Dieses Beispiel erfüllt alle Anforderungen – es folgt einem klaren Kundenbedürfnis (flexibles Wohnen mit Sicherheit), läuft zu 100 % als Servicemodell und erfordert die Integration verschiedener horizontaler Geschäftspartner einschließlich eines seriösen Tech-Stacks für die Verfügbarkeitsplanung und das Mietermanagement.

Literatur

Adaptiert nach Moriarty. (2021). mit freundlicher Genehmigung von © Stanford Encyclopedia of Philosophy 2021.

Aus der Rede von Außenminister Frank-Walter Steinmeier beim Deutschen Evangelischen Kirchentag, Stuttgart 2015; mit freundlicher Genehmigung von © Auswärtiges Amt Deutschland. Alle Rechte vorbehalten.

Aus Robert Bosch – Unternehmer, Bürger und Stifter. (2022). https://www.bosch-stiftung.de/de/robert-bosch-0. Zugegriffen: 31. Jan. 2022.

Eurobarometer 484, Januar. (2019). publiziert von Directorate-General for Communication, unter Creative Commons Attribution 4.0 International license.

Hohmann, M. (25. November 2021). *Textil- und Bekleidungseinzelhandel: Situation in Deutschland.* https://de.statista.com/themen/1555/textil-und-bekleidungseinzelhandel-in-deutschland/. Zugegriffen: 31.12.2021.

Hu, J. (2020). *WeChat Pay beyond Payment.* (4. Dezember 2020) Tencent Group.

WBR Insights 3rd Annual CPO Study Finds CPOs Struggling to Overcome Legacy IT in Digital Transformation Efforts (22. Jan. 2019).

Knapp, O., Losbichler, H., Zillmer, C. (2019). *10th Operations Efficiency Radar* (S. 7). (Februar 2019).

Mauro, H. (2021). *PS: War nicht alles besser.* 28. Sept. 2021.

Reidel, M. (2020). *Novartis bietet Home Office für immer an* (23. Juli 2020) https://www.horizont.net/schweiz/nachrichten/new-work-novartis-bietet-home-office-fuer-immer-an-184532. Zugegriffen: 31. Dez. 2021.

Rosa, H. R. (2017). wie Resonanz: Über die Soziologie des guten Lebens (28. Februar 2017). Video-Mitschnitt „Resonanz: Eine Soziologie des guten Lebens". https://www.boell.de/de/2017/02/28/resonanz-eine-soziologie-des-guten-lebens. Zugegriffen: 31. Dez. 2021.

Siemens macht Homeoffice für 140.000 Mitarbeiter möglich. (16 Juli 2020). https://www.handelsblatt.com/unternehmen/industrie/industrie-siemens-macht-homeoffice-fuer-140-000-mitarbeiter-moeglich/26009230.html?ticket=ST-18256595-DIYLXncMntKE0hNe5wmk-ap4. Zugegriffen: 31. Dez. 2021.

Statista. (März 2021). Sparquote der privaten Haushalte in Deutschland von 1991 bis 2020, https://de.statista.com/statistik/daten/studie/2699/umfrage/entwicklung-der-sparquote-privater-haushalte-seit-1991/. Zugegriffen: 31. Dez. 2021.

Statista. Online Food Delivery. (o. J.). https://de.statista.com/outlook/dmo/eservices/online-food-delivery/deutschland. Zugegriffen: 21. Dez. 2021.

Umweltbundesamt. (17. Januar 2022). Energieverbrauch nach Energieträgern und Sektoren. https://www.umweltbundesamt.de/daten/energie/energieverbrauch-nach-energietraegern-sektoren#allgemeine-entwicklung-und-einflussfaktoren. Zugegriffen: 31. Jan. 2022.

Wikipedia. (o. J.). Facebook–Cambridge Analytica data scandal. https://en.wikipedia.org/wiki/Facebook%E2%80%93Cambridge_Analytica_data_scandal. Zugegriffen: 31. Dez. 2021.

Europäische Zentralbank. (8. Juli 2021). EZB-Rat verabschiedet neue geldpolitische Strategie. https://www.ecb.europa.eu/press/pr/date/2021/html/ecb.pr210708~dc78cc4b0d.de.html. Zugegriffen: 31.Dez. 2021.

3

Kundenfokussierung nach ethischen Standards

Zusammenfassung Die Elemente für den Aufbau eines Unternehmens haben sich nicht grundlegend geändert, müssen aber neu angepasst werden. Angefangen beim Grundkonzept der Wissensasymmetrie, das als Grundlage für alle Tätigkeiten dient (ein Unternehmen verfügt über einzigartige Fähigkeiten oder ein Wertangebot, das eine Nachfrage auf dem Markt erfüllt), über Geschäftsmodellstrukturen und bewährte Verfahren bis hin zu einer kritischen Diskussion über den Zweck, den Unternehmen erfüllen müssen. In einer digitalen Welt des Informationsüberflusses und der Skalierung technologischer Lösungen, die neue Geschäfte mit sehr niedrigen Eintrittsbarrieren ermöglichen, ist Kundenorientierung eines der Schlüsselelemente für den Erfolg. Vom Kunden her zu denken und sich unermüdlich auf die Geschwindigkeit der Markteinführung von Innovationen zu konzentrieren, sind die wichtigsten Voraussetzungen, die Führungskräfte beherrschen müssen, um erfolgreich zu sein. Es geht nicht

© Springer Fachmedien Wiesbaden GmbH, ein Teil von Springer
Nature 2022
B. Schemmel, *Führung von Morgen,* Fit for Future,
https://doi.org/10.1007/978-3-658-39163-8_3

um das beste Produkt, sondern um die beste Lösung, die jetzt angewandt werden kann und die – in Kombination mit Skalierungsmechanismen und Partnerschaften – ein exponentielles Wachstum als Grundlage für eine bessere Leistung als die Konkurrenz ermöglicht. Ethische Erwägungen bilden die Grundlage für alles, was wir tun – die zum Verkauf stehenden Produkte und Dienstleistungen, die Preisgestaltung, die Art und Weise, wie wir unsere Mitarbeiter und die Lieferkette behandeln, sowie unsere Rolle in der Gesellschaft.

Wettbewerbsvorteile beruhten schon immer auf einer Wissenslücke zwischen Verkäufern und Käufern. Konsumenten sind der Meinung, dass diese Lücke kleiner wird, je mehr Informationen zur Verfügung stehen, aber die Marktteilnehmer müssen auch in der Lage sein, dieses Wissen zu nutzen, um Vorteile zu erzielen. In der Vertragstheorie und den Wirtschaftswissenschaften befasst sich die Informationsasymmetrie mit der Untersuchung von Entscheidungen bei Transaktionen, bei denen eine Partei über mehr oder bessere Informationen verfügt als die andere. Diese Asymmetrie führt zu einem Ungleichgewicht der Macht bei Transaktionen. Beispiele für dieses Problem sind adverse Selektion (Negativauslese), moralisches Risiko und Wissensmonopole. Die Informationsasymmetrie erstreckt sich auch auf nichtwirtschaftliches Verhalten. Da private Unternehmen besser als die Regulierungsbehörden über die Handlungen informiert sind, die sie ohne eine Regulierung vornehmen würden, kann die Wirksamkeit einer Regulierung untergraben werden. Jedes erfolgreiche Unternehmen stützt sich auf ein bestimmtes geistiges Eigentum, das einen Marktvorteil verschafft und gesetzlich vor Kopien geschützt ist oder – im besten Fall – überhaupt nicht kopiert werden kann. Die erfolgreichsten Geschäftsmodelle der letzten Jahre unterscheiden sich nicht fundamental. Durch die Konvergenz der Technologien und die veränderte Ausrichtung auf den Verbraucher werden sich einige Modelle jedoch in Zukunft stärker durchsetzen. Da B2B-Unternehmen in den Verbraucherbereich vordringen und traditionell verbraucherorientierte Unternehmen den B2B-Bereich für sich entdecken, kommt es zu einer Verschmelzung und Harmonisierung. Dies erklärt, warum Zweck und Kundenorientierung nicht nur Trends sind, sondern grundlegende Voraussetzungen für den Erfolg eines jeden Unternehmens in den nächsten Jahren sind. Zu verstehen, wie man die internen Abläufe vom Kundennutzen aus rückwärts betrachtet, ist eine Kunst, und die Werkzeuge sind das minimale lebensfähige Produktkonzept, eine systematische Infragestellung des Status quo, die Fähigkeit, mit innovativen Gründern auf dem Markt zusammenzuarbeiten und gleichzeitig eine Startup-Kultur in der eigenen Organisation zu schaffen. Das Ziel ist, transformativen Innovationen zur Marktreife zu bringen, die exponentielles Wachstum ermöglichen – basierend auf einem klaren Unternehmenszweck.

3.1   Geschäftsmodell-Entwicklung

Business Model Canvas ist eine strategische Management- und Lean-Startup-Vorlage für die Entwicklung neuer oder die Dokumentation bestehender Geschäftsmodelle. Es visualisiert Schlüsselelemente, beispielsweise Wertversprechen eines Unternehmens oder Produkts, die Infrastruktur, die Kunden und die Finanzen. Es hilft Führungskräften auch bei der Ausrichtung ihrer Aktivitäten, indem es potenzielle Kompromisse aufzeigt. Diese neun Bausteine der Vorlage für das Geschäftsmodell, die als Business Model Canvas bezeichnet wird, wurden ursprünglich 2005 von Alexander Osterwalder vorgeschlagen. Osterwalder (2010) Für die Führungskräfte von heute haben wir die Priorität der Elemente geändert und die Struktur in 10 Phasen neu gegliedert Abb. 3.1:

Führung von Morgen	
Phase / Dimension	Business Model Elemente
1 Unternehmensstrategie	Was sind die Vision, die Mission und die Ziele des Unternehmens?
2 Kundensegmente	Für welche Kundengruppen werden Werte geschaffen?
3 Wertversprechen	Was sind die Angebote für unsere Kunden? Welches konkrete Problem versuchen wir zu lösen?
4 Kundenbeziehungen	Welche Art von Beziehungen erwartet jedes unserer Kundensegmente? Wie sind sie in unser Geschäftsmodell integriert und welche Auswirkungen hat dies auf die Kostenstruktur?
5 Vertriebskanäle	Über welche Kanäle werden wir unsere Kunden erreichen?
6 Schlüsselressourcen	Welches sind die wichtigsten Ressourcen, die unser Wertversprechen erfordert?
7 Schlüsselaktivitäten	Welche Schlüsselaktivitäten sind für unser Wertversprechen erforderlich? Dazu gehören Umsatzströme, Vertriebskanäle und Kundenbeziehungen.
8 Wichtige Partner	Wer sind die wichtigsten Partner und Lieferanten? Welche Ressourcen kaufen wir zu und welche Aktivitäten sollen unsere Partner durchführen?
9 Kostenstruktur	Welches sind die wichtigsten Kosten, die mit unserem Geschäftsmodell verbunden sind? Welche Schlüsselressourcen und Schlüsselaktivitäten sind am teuersten?
10 Einnahmeströme	Für welchen Wert sind unsere Kunden bereit welchen Preis zu zahlen?

Abb. 3.1 Business Modell Elemente

Ausgangspunkt und zentrales Element erfolgreicher Geschäftsmodelle ist die Befriedigung eines Kundenbedürfnisses: Der Innovationsimpuls kann sowohl deduktiv (d. h. ein Kundenproblem muss gelöst werden) als auch induktiv (d. h. ein Produkt oder eine innovative Lösung sucht nach Anwendung) entstehen. Der Kundenprozess bzw. der Wertschöpfungsprozess des Kunden muss intensiver als über die Methoden der Produktentwicklung verstanden werden, denn im Vergleich zur reinen Produktinnovation ist die Lösung des Kundenproblems in allen Dimensionen möglich und gleichzeitig die größte Herausforderung.

3.2 Aufbau einer werteorientierten Unternehmensorganisation

Für Führungskräfte ist die Frage nach dem höheren Zweck eines Unternehmens häufig schwierig, weil solche Überlegungen den etablierten wirtschaftswissenschaftlichen Denkschulen zuwiderlaufen. Arbeit ist grundsätzlich vertraglich geregelt und Mitarbeiter versuchen, die persönlichen Kosten und den Aufwand zu minimieren. Das sind nicht unbedingt falsche Annahmen – in der Tat beschreiben sie das Verhalten in vielen Umgebungen recht gut. Allerdings laufen sie auch auf eine sich selbst erfüllende Prophezeiung hinaus. Wenn Führungskräfte ihre Mitarbeiter auf diese Weise betrachten, schaffen sie genau die Probleme, die sie erwarten. Die Mitarbeiter reagieren in erster Linie auf die in ihren Verträgen festgelegten Anreize und die ihnen auferlegten Kontrollen. Infolgedessen sehen sie nicht nur keine Chancen, sondern geraten auch in Konflikte, verweigern sich dem Feedback, erbringen zu wenig Leistung und stagnieren persönlich.

Sinn ist nicht nur ein hehres Ideal, sondern hat praktische Auswirkungen auf die finanzielle Gesundheit und die Wettbewerbsfähigkeit Ihres Unternehmens. Menschen, die in ihrer Arbeit einen Sinn sehen, horten ihre Energie und ihr Engagement nicht. Sie geben sie frei und widersetzen sich damit den konventionellen wirtschaftlichen Annahmen über Eigeninteressen. Sie wachsen, anstatt zu stagnieren. Sie tun mehr – und sie tun es besser. Es setzt ein positiver Gruppendruck ein, und die Mitarbeiter werden neu motiviert. Die Zusammenarbeit nimmt zu, das Lernen wird beschleunigt, und die Leistung steigt. Die Umsetzung dieser Ideen kann auf der Basis von drei grundsätzlichen Themenfeldern erfolgen: Das höhere Ziel finden, es im kollektiven Bewusstsein verankern und Reflexion der Mitarbeiter darüber zu fördern.

3.2.1 Mitarbeiter zu einem höheren Ziel inspirieren

Das ökonomische Standardmodell zur Beschreibung der Beziehungen zwischen einem Unternehmen und seinen Mitarbeitern ist im Arbeitsvertrag geregelt. Dabei wird angenommen, das Mitarbeiter grundsätzlich anstrengungsscheu sind. Für einen bestimmten Geldbetrag wird er oder sie eine bestimmte Menge an Arbeit leisten. Da Anstrengung für ihn persönlich kostspielig ist, erbringt er zu wenig Leistung, es sei denn, der Auftraggeber setzt vertragliche Anreize und Kontrollsysteme ein, um dieser Tendenz entgegenzuwirken. Das Modell ignoriert jedoch die wachsende Zahl an Mitarbeitern, die sich anstrengen, weil sie glauben, dass das, was sie tun, nicht ein Job, sondern ihr Job ist. Es beginnt also bei der Führungskraft: Suchen Sie nach Spitzenleistungen, definieren Sie den Zweck, der die Spitzenleistungen antreibt, und stellen Sie sich dann vor, dass Ihre gesamte Belegschaft davon durchdrungen ist. Häuft gibt es sogar schon diesen Zweck und er muss nicht neu erfunden werden: Führungskräfte können es durch Einfühlungsvermögen entdecken – indem Sie die tiefsten gemeinsamen Bedürfnisse Ihrer Belegschaft spüren und verstehen. Dazu gehört es, provokante Fragen zu stellen, zuzuhören und zu reflektieren. Um die Organisation zu lernen, sollten Sie mit der Befragung der Mitarbeiter beginnen. Erwarten Sie, dass Sie große Unterschiede, aber auch überraschende Gemeinsamkeiten finden werden. Es zeichnet sich ein Wunsch des Teams heraus, einen positiven Einfluss auf das zu haben, was sie tun. Schreiben Sie diesen Wunsch auf und teilen Sie sie mit den Personen, die Sie interviewt haben. Auf der Basis der Rückmeldung verfeinern Sie ihr Ziel weiter.

3.2.2 Das Ziel durch Authentizität im kollektiven Bewusstsein festlegen

Führungskräfte stehen unter dem Druck von Vorstandsmitgliedern, Investoren, Mitarbeitern und anderen Interessengruppen, einen höheren Zweck zu formulieren. Dies führt häufig zu sehr allgemeinen Aussagen. Wenn ein Unternehmen seinen Zweck und seine Werte verkündet, aber die Worte nicht das Verhalten der Führungskräfte bestimmen, klingen sie hohl. Jeder erkennt die Heuchelei, und die Mitarbeiter werden zynisch. Wenn Ihre Zielsetzung hingegen authentisch ist und von allen Führungsebenen befolgt wird, denn sie ist die Grundlage für jede Entscheidung, und Sie tun Dinge, die andere Unternehmen nicht tun würden. Oft entdeckt eine Organisation ihren Zweck und ihre Werte, wenn es ihr schlecht geht – und ihr wahres Wesen zeigt sich darin, was ihre Führungskräfte in schwierigen Zeiten tun. Machen Sie die authentische Botschaft zu einer ständigen Botschaft für jedes Team: Klären Sie zunächst den Zweck Ihres Teams, Ihrer Organisation oder Ihrer Abteilung auf der Grundlage des allgemeinen Unternehmenszwecks. Um eine inspirierte, engagierte Belegschaft aufzubauen, brauchen Sie mittlere Führungskräfte, die nicht nur den Zweck des Unternehmens kennen, sondern auch eine tiefe Verbundenheit mit ihm haben und mit moralischer Kraft führen. Das geht weit über das hinaus, was die meisten Unternehmen von ihren Mitarbeitern der mittleren Ebene verlangen. Legen Sie bei der Aus- und Weiterbildung Ihrer Mitarbeiter den Schwerpunkt auf betriebliche Fähigkeiten und Führungsqualitäten, bringen Sie diesen Fokus in jedes Gespräch, jede Entscheidung und jedes Problem ein, mit dem Ihr Team konfrontiert wird, und fragen Sie immer: „Werden wir dadurch bessere Mitarbeiter?" Dadurch setzt sich das Ziel im kollektiven Bewusstsein fest. Die Kultur ändert sich, und die Organisation beginnt, auf einem höheren Niveau zu arbeiten.

3.2.3 Individuelles Lernen fördern durch Reflexion

Wenn sich Führungskräfte jedoch für höhere Ziele einsetzen, erkennen sie, dass Lernen und Entwicklung starke Anreize sind. Mitarbeiter wollen tatsächlich denken, lernen und wachsen. Indem sie ihren Mitarbeitern helfen, die Beziehung zwischen dem übergeordneten Ziel und dem Lernprozess zu verstehen, können die Führungskräfte diese Beziehung stärken. Bitten Sie Ihre Mitarbeiter, in regelmäßigen Abständen ein schriftliches Dokument zu erstellen, in dem sie ihre Ziele, ihre Stärken und ihre Entwicklung beschreiben. Kombinieren Sie dies mit dem regulären Leistungsmanagementprozess.

3.3 Radikale Kundenfokussierung

Unternehmen neigen dazu, ihre Leistungen und Angebote in den Mittelpunkt zu stellen anstelle grundsätzlich zu hinterfragen: Was ist das Problem des Kunden, das wir lösen wollen? Kundenorientierung ist sicherlich der wesentliche Differenzierungsfaktor erfolgreicher Unternehmen.

Was sind die Mechanismen die Unternehmen helfen, kundenorientierter zu werden? In der dynamisch-beschleunigten Welt des digitalen Polypols lassen sich keine 100 % Lösungen entwickeln. Markt und Anforderungen ändern sich ständig und es entstehen neue Eindrücke und Lösungsansätze. Daher ist Geschwindigkeit der entscheidende Faktor, um zügig eine kritische Masse an Kunden zu gewinnen und zu skalieren. Mit anderen Worten: Die Arbeit beginnt, nachdem das Produkt auf den Markt gekommen ist und nicht davor. Um dieses Ziel zu erreichen, müssen Führungskräfte eine Organisation aufbauen, die den Status quo ständig infrage stellt. Dies geschieht am besten durch die Zusammenarbeit mit Inkubatoren, die Suche nach Start-ups und die Entwicklung einer Experimentierhaltung, bei der jedes Scheitern der größeren Idee dient, um zu lernen. In großen Unternehmen ist es beinahe unmöglich, ein Unternehmen als Teil der regulären Berichtslinien zu gründen — es gibt zu viele Altlasten, Komplexität und Perfektionismus. Es ist eine gängige Praxis, ein neues rechtlich selbstständiges Unternehmen zu gründen, das die Fähigkeiten und das Wissen des Konzerns nutzt, und zugleich mit der Autonomie eines Startups arbeitet. Transformatorische Unternehmen erfinden Geschäftsmodelle neu, kannibalisieren aktuelle Ertragsströme und stellen Unternehmen auf den Kopf. Sie sind regelmäßig erfolgreicher als traditionelle Unternehmen, wenn man sich die Top-Unternehmen der Global Fortune 500 ansieht. Durch die Skalierung der Technologie wird lineares Wachstum zu exponentiellem Potenzial.

Die nachfolgenden Konzepte umfassen die Entwicklung einer Minimallösung auf Basis definierter Kunden-anforderungen und die Organisationsform des ständigen Hinterfragens des Status Quo. Abb. 3.2 Wir diskutieren kritisch die Einflussmöglichkeiten von Führungskräften

Führung von Morgen		
Dimension / Phase	Business Model Elemente	Radikale Kundenfokussierung
1 Unternehmensstrategie	Was sind die Vision, die Mission und die Ziele des Unternehmens?	
2 Kundensegmente	Für welche Kundengruppen werden Werte geschaffen?	
3 Wertversprechen	Was sind die Angebote für unsere Kunden? Welches konkrete Problem versuchen wir zu lösen?	
4 Kundenbeziehungen	Welche Art von Beziehungen erwartet jedes unserer Kundensegment? Wie sind sie in unser Geschäftsmodell integriert und welche Auswirkungen hat dies auf die Kostenstruktur?	
5 Vertriebskanäle	Über welche Kanäle werden wir unsere Kunden erreichen?	Die Minimallösung als Startpunkt. Den Status quo in Frage stellen. Mental Franchise: Die Einflussmöglichkeit von Führungskräfta en. Transformatorische Innove am: Kannibalisierung als Wachstumsmotor
6 Schlüsselressourcen	Welches sind die wichtigsten Ressourcen, die unser Wertversprechen erfordert?	
7 Schlüsselaktivitäten	Welche Schlüsselaktivitäten sind für unser Wertversprechen erforderlich? Dazu gehören Umsatzströme, Vertriebskanäle und Kundenbeziehungen.	
8 Wichtige Partner	Wer sind die wichtigsten Partner und Lieferanten? Welche Ressourcen kaufen wir zu und welche Aktivitäten sollen unsere Partner durchführen?	
9 Kostenstruktur	Welches sind die wichtigsten Kosten, die mit unserem Geschäftsmodell verbunden sind? Welche Schlüsselressourcen und Schlüsselaktivitäten sind am teuersten?	
10 Einnahmeströme	Für welchen Wert sind unsere Kunden bereit welchen Preis zu zahlen?	

Abb. 3.2 Radikale Kundenfokussierung

anhand des Corporate Franchise Models 2.0. Transformatorische Innovationen und exponentielles Wachstum
stellen den Fixstern der Entwicklung von Geschäftsmodellen im digitalen Polypol dar.

3.3.1 Die Minimallösung als Startpunkt

Ein Minimum Viable Product (MVP) ist eine Produkt-
version mit gerade genug Funktionen, um erste Kunden
zufrieden zu stellen und Feedback für die künftige
Produktentwicklung zu erhalten. Das Sammeln von
Erkenntnissen aus einem MVP ist immer kostengünstiger
als die Entwicklung eines Produkts mit mehr Funktionen.
Zudem erhöht sich das Risiko, wenn das Produkt beispielsweise aufgrund falscher Annahmen scheitert. In der
Tat ist die Produkteinführung der Ausgangspunkt von
allem, nicht das Ende. MVPs konkurrieren mit einem
zu 100 % konzipierten und ausgereiften Produkt, das
in großem Maßstab produziert und an die Kunden aus-
geliefert werden kann und keine Wartung oder gar
Änderung erfordert.

Da Technologie und Dienstleistungen immer mehr
Funktionen von der Hardware übernehmen, verlagert
sich der Schwerpunkt auf einen modulareren Ansatz,
bei dem die Unternehmen das Kundenfeedback nutzen,
um die Lösung nach ihrer Einführung zu verfeinern. Bei
einem konsequenteren Ansatz beeinflusst das Kundenfeedback die Gesamtrichtung und die Prioritäten des
Unternehmens und nicht nur einige Produktmerkmale.
Ein gutes Beispiel ist Tier Mobility, ein globaler Anbieter
von Mikromobilität. Das Unternehmen hat seinen Sitz in
Berlin und hatte in 2020 gerade einmal 470 Mitarbeiter.
Mittlerweile ist es in über 57 Städten in elf Ländern aktiv.
Nach eigenen Angaben hat das Unternehmen die beiden

Meilensteine von einer Million Fahrten (April 2019) und zwei Millionen Fahrten (Juni 2019) schneller erreicht als die anderen Wettbewerber. (Wikipedia, o. J.) Die Nutzer zahlen eine Aktivierungsgebühr von 1,00 EUR pro Fahrt und eine variable Gebühr von rund 0,15 EUR pro Min. In einigen deutschen Städten wie Hamburg, München und Düsseldorf beträgt die variable Gebühr 0,19 EUR pro Min. Die Scooter müssen in ausgewiesenen Parkzonen innerhalb des Geschäftsgebietes der jeweiligen Stadt abgestellt werden. Das Unternehmen vereinbart mit den jeweiligen Städten, in welchen Zonen die Roller abgestellt werden können. Tier zeigt seinen Nutzern in der App die nächstgelegenen Parkplätze und auch Parkverbotszonen an. Nach dem Start des Verleihgeschäfts mit Elektrorollern in einigen Städten expandierte Tier sowohl geografisch als auch in andere Mobilitätsformen (beispielsweise Elektromopeds). Tier betrachtet die Technologie der Fahrzeuge (inkl. faltbare Helme, austauschbare Batterien und antibakterielles Kupferband für den Lenker) und die Software (die App) als Schlüsseltechnologie und entwickelt diese Lösungen entweder selbst oder in exklusiver Zusammenarbeit mit Partnern. Das Unternehmen begann nach einiger Zeit mit dem Verkauf von generalüberholten Elektrorollern, und expandierte vor kurzem in den professionellen Verkauf neuer Roller. Ähnlich wie die gemeinsam genutzten Fahrzeuge werden auch die eigenen über die App aktiviert und schlüssellos betrieben. Während das Geschäft schnell und in verschiedene Richtungen expandiert, ist die App die Schaltzentrale für den Kunden – für die Verwaltung des eigenen Kontos und der Zahlungsdetails, die Vermietung von Fahrzeugen in allen Ländern sowie die Bedienung eines eigenen Rollers. Die App startete sehr minimalistisch mit nur den Kernfunktionen (ein klassischer MVP-Ansatz) – zu Beginn war es nicht einmal möglich, die E-Mail-Adresse nach der

Registrierung zu ändern. Der Kundenservice schlug vor, ein neues Konto mit einer alternativen E-Mail zu erstellen.

3.3.2 Den Status quo infrage stellen

Von Führungskräften außerhalb des Top-Managements wird selten erwartet, den Status quo infrage zu stellen oder über den Tellerrand hinauszuschauen. Viele Unternehmen haben ein etabliertes Geschäfts- und Arbeitsmodell und erwarten vom mittleren Management, ein „Playbook" zu exekutieren. Auf der anderen Seite müssen Unternehmen zunehmend innovativ zu denken und bessere Lösungen zu entwickeln. Trotzdem ermöglichen viele Unternehmen den radikalen Wandel nicht, und die Begeisterung der Führungskräfte schwindet schnell. Den Mitarbeitern bleibt nichts anderes übrig als das Abarbeiten ihrer Aufgaben. Dazu kommt Risikoaversion: Führungskräfte, die einen echten Wandel herbeiführen wollen, müssen Risiken als neue Normalität akzeptieren und ein leistungsfähiges Umfeld zu schaffen, in dem die Mitarbeiter auch unter Druck gut zusammenarbeiten und sich problemlos anpassen können, um dem Markt voraus zu sein. Denn es muss irgendwann los gehen und die Organisation muss in die Gänge kommen. Es geht um die Bündelung von Fachwissen, das Aufbrechen von Silos und die gezielte Förderung von Mitarbeitern, neue Wege zu gehen.

Durch eine Venture Capital Gesellschaft externes Wissen bündeln
Durch eine eigene Venture Capital (VC) Gesellschaft lässt sich leicht Inkubation fördern. Die Zusammenarbeit mit Inkubatoren, Akzeleratoren und Start-ups ist sicherlich die beste Möglichkeit, Innovationen und frische Ideen in das eigene Unternehmen zu bringen. Ein gutes Beispiel

ist Henkel, ein deutsches Chemie- und Konsumgüter-
unternehmen mit Hauptsitz in Düsseldorf. Henkel ist ein
multinationales Unternehmen, das sowohl im Konsum-
güter- als auch im Industriesektor tätig ist. Das 1876
gegründete DAX-30-Unternehmen gliedert sich in drei
weltweit operierende Unternehmensbereiche (Laundry
& Home Care, Beauty Care, und Adhesive Technologies)
und ist unter anderem für Marken wie Loctite, Persil,
Fa, Dial und Purex bekannt. Im Geschäftsjahr 2017 ver-
zeichnete Henkel einen Umsatz von über 20 Mrd. EUR
und ein Betriebsergebnis von etwas mehr als 3 Mrd.
EUR. Mehr als 80 % der 53.700 Mitarbeiter arbeiten
außerhalb Deutschlands (Henkel, 2021). Mit Henkel
X hat das Unternehmen eine offene Kollaborations-
und Innovationsplattform geschaffen, um den unternehmerischen Wandel bei Henkel zu beschleunigen,
sondern auch, um als Katalysator für den industriellen
Wandel zu fungieren und Innovationen und disruptive
Geschäftsmodelle für die gesamte Branche voranzutreiben.
Mit dem Erreichen der zweiten Phase der digitalen Transformation setzt Henkel nun auf die Zusammenführung
der beiden Positionen des Chief Digital Officer und des
Chief Information Officer. Im Rahmen der Initiative
Henkel 2020 + bewertete das Unternehmen den Bereich
der Digitalisierung als besonders erfolgreich mit einer
organischen Wachstumsrate im zweistelligen Bereich.
Henkel ist mit der Idee seiner Ventures-Tochter nicht
allein: Auch Johnson & Johnson, Siemens und Google
setzen auf Venture-Capital-Töchter.

Innovationsfond
Um Ideen im eigenen Unternehmen umzusetzen, haben
Unternehmen begonnen, einen Investitionsfonds für neue
Ideen einzurichten. Google ermutigt seine Mitarbeiter seit
langem, 20 % ihrer Zeit für Nebenprojekte zu verwenden,

was einer der Gründe dafür ist, dass es nach wie vor zu den innovativsten Unternehmen der Welt gehört. Das 20 %-Projekt ist eine Initiative, bei der die Mitarbeiter des Unternehmens zwanzig Prozent ihrer bezahlten Arbeitszeit für persönliche Projekte verwenden können. (Müller, 2018) Ziel des Programms ist es, die teilnehmenden Mitarbeiter zu Innovationen zu inspirieren und letztlich das Unternehmenspotenzial zu steigern. Das 20 %-Projekt wurde von einem vergleichbaren Programm beeinflusst, das 1948 von dem multinationalen Fertigungsunternehmen 3M ins Leben gerufen wurde und bei dem die Mitarbeiter 15 % ihrer bezahlten Arbeitszeit einem persönlichen Interesse widmen durften. Für Unternehmen, die in Nebenprojektinitiativen investieren, können die Ergebnisse bahnbrechend sein: Gmail, Google Maps, Twitter, Slack und Groupon begannen alle als Nebenprojekte. Es gibt es gute Gründe, Teammitgliedern grünes Licht für die 20-%-Regel zu geben, im Gegensatz zu Alternativen wie Hackathons, Nebenprojekten und Wettbewerben für Geschäftsfallstudien.

Kooperationen und Co-Creation

In einem Hinterhof in Berlin versuchen sich Familienunternehmen aus der Provinz an digitalen Projekten – und probieren neue Kooperationen aus. Das Schild von früher hängt über dem Mitgliedereingang der Goldpunkt Schuhfabrik PST 2. Seit der Wiedervereinigung werden hier keine Schuhe mehr hergestellt, stattdessen arbeiten 20 deutsche Mittelständler gemeinsam an ihrem ganz eigenen Turnaround: der digitalen Transformation. Der hessische Heizungs- und Klimatechnikhersteller Viessmann eröffnete hier 2019 den „Maschinenraum". Zu den Mitstreitern gehören der westfälische Logistiker Fiege, der unterfränkische Bauexperte Knauf und der lippische Elektro- und Automatisierungsspezialist Phoenix

Contact. Vissmann schwebt ein Co-Creation-Space vor, ein Ort, an dem die ausgelagerten Forschungseinheiten der Unternehmen voneinander lernen wollen. Wenn es nach Viessmann geht, treffen hier die Welten von mittelständischen Unternehmen und digitalen Start-ups aufeinander. Kein Thema verdeutlicht dies besser als das Internet der Dinge. Objekte miteinander zu vernetzen und Daten über sie zu sammeln, ist gerade für mittelständische Fertigungsunternehmen interessant. Denn im Internet der Dinge spielt erstmals seit der digitalen Revolution nicht nur Software, sondern auch Hardware eine Rolle: also die Maschinen und Anlagen, die das Internet zu einem größeren Ganzen verbindet. Bei der Software dominieren die USA. Deutschland hat aber den Vorteil, dass es stark industrialisiert ist, während die Amerikaner die Industrie erst wieder lernen müssten. Von Viessmann bis Vestner gibt es verschiedene Unternehmen im Maschinenraum, für die das relevant ist. Eines davon ist die Smart Business GmbH des Automatisierungsspezialisten Phoenix Contact. In Bad Pyrmont betreibt das Unternehmen nach eigenen Angaben eines der am höchsten automatisierten Gebäude in Europa: Klimaanlage, Beleuchtung und Sonnenschutz werden automatisch gesteuert. Nun sollen auch die Aufzüge folgen. Dazu braucht Phoenix Contact Daten – und den Zugang zu einem Aufzugshersteller. Die Firma Vestner aus München ist dafür ideal. Dessen Ausgründung Digital Spine ist ebenfalls im Maschinenraum angesiedelt. Die Digitalisierung erfordert neue Kooperationen über Branchengrenzen hinweg.

Ausgründungen
Wenn es an der Zeit ist, durchzustarten, ist die beste Empfehlung, ein neues Unternehmen außerhalb der traditionellen Organisation zu gründen. Die Führungskräfte müssen die Frage beantworten, wie sie ein neues

Unternehmen betreiben können, das möglicherweise das bestehende Geschäft kannibalisiert. Share Now ist ein gutes Beispiel für eine solche Initiative – die Gründung einer eigenen Organisation und einer juristischen Person, die unabhängig von der Hauptgeschäftsstelle, aber als 100 %ige Tochtergesellschaft ist. Share Now ist ein Carsharing-Anbieter von BMW und Daimler. Es ist eines von insgesamt fünf Mobilitätsdienstleistungsunternehmen, die aus einem 2019 gegründeten Joint Venture zwischen diesen Unternehmen hervorgegangen sind. Share Now verfolgt das Konzept „Transportation as a Service" in Kontrast zum Verkauf von Automobilien über traditionelle mehrstufige Händlerstrukturen. Das Unternehmen bietet Free Floating Carsharing mit rund 11.000 Fahrzeugen in 16 Städten in acht Ländern an. (ShareNow, 2022) Das bedeutet, dass die angebotenen Fahrzeuge minutenweise über das Smartphone gemietet und nach der Nutzung innerhalb des Geschäftsgebiets zurückgegeben werden können. Share Now ist 2019 aus den zuvor konkurrierenden Carsharing-Anbietern car2go und DriveNow entstanden.

3.3.3 Mental Franchise: Die Einflussmöglichkeit von Führungskräften

Führungskräfte müssen die ultimativen Eckpfeiler ihres Unternehmens definieren und überlegen, was von ihren Managern und Führungskräften kontrollierbar und verhandelbar ist und was eine unumstößliche Wahrheit sein sollte. Viele Unternehmen arbeiten nach einem sehr strengen Regime von Verfahren, verborgenen und versteckten Regeln und Unternehmensrichtlinien, die die Kontrollmöglichkeiten der Führungskräfte im Unternehmen einschränken.

Außerdem ermöglicht eine klare Aufteilung der Aufgaben und Zuständigkeiten in klar definierte Blöcke eindeutige Verantwortlichkeiten und eine einfachere Steuerung. Die Führungskräfte müssen das richtige Gleichgewicht zwischen Standards und Flexibilität finden. Ein Konzept, das dabei helfen kann, ist ein mentales Franchisemodell. Franchising in der traditionellen Form basiert auf einem Marketingkonzept, das von einer Organisation als Strategie zur Geschäftsausweitung übernommen werden kann. Bei der Umsetzung lizenziert ein Franchisegeber sein Know-how, seine Verfahren, sein geistiges Eigentum, die Nutzung seines Geschäftsmodells, seine Marke und die Rechte zum Verkauf seiner Markenprodukte und Dienstleistungen an einen Franchisenehmer. Im Gegenzug zahlt der Franchisenehmer bestimmte Gebühren und verpflichtet sich zur Einhaltung bestimmter Verpflichtungen, die in der Regel in einer Franchisevereinbarung niedergelegt sind. Beliebte Beispiele sind Fast-Food-Ketten, bei denen der Franchisenehmer meist Einfluss auf die Einstellung von Mitarbeitern, den Standort des Geschäfts und – in gewissem Umfang – auf die Preisgestaltung und die lokale Werbung hat. Übertragen auf die neue Unternehmenswelt – viele Führungskräfte arbeiten nach einem ähnlichen Modell, ohne es zu wissen: Stellen Sie sich vor, Sie sind Verkaufsleiter für eine Produktpalette in einem bestimmten Markt. Der größte Einfluss, den Sie haben, besteht darin, die richtigen Talente für die Ausführung des Verkaufsplans einzustellen. Vielleicht können Sie den Ansatz auf den lokalen Markt zuschneiden und die Produktplanung beeinflussen. Sie werden jedoch nicht der Unternehmenszweck oder das Produktportfolio fundamental ändern können. Wie bei einem Fast-Food-Franchise-Unternehmen – Sushi wird wahrscheinlich auf Initiative eines einzelnen Franchisenehmers nicht auf die Speisekarte eines Burger-Restaurants landen.

3.3.4 Transformatorische Innovation: Kannibalisierung als Wachstumsmotor

Es gibt drei Schlüsselelemente für transformative Innovationen – von der Neuerfindung des eigenen Geschäftsmodells, über die Kannibalisierung der Einnahmeströme zugunsten einer größeren Lösung, bis hin zur Umwandlung in ein neues Erlösmodell.

Neuerfindung des Geschäftsmodells
Nur wenige Unternehmen haben es geschafft, ihr Geschäftsmodell im Laufe der Zeit radikal zu verändern. Netflix ist ein solches Beispiel – das Unternehmen hat sich zweimal neu zu erfunden, indem es die Art und Weise verändert hat, wie die Welt fernsieht. Was als klassische stationäre Videothek begann, entwickelte sich zum führenden Versender von DVDs. Netflix ist dann früh ins Streaming-Geschäft eingestiegen, hat eigenen Inhalte angeboten und schließlich selbst produziert. Laut Reed Hastings ist die Quelle des Erfolgs die spezielle Art, wie die Mitarbeiter arbeiten: Netflix hat bis 2015 ständig gekämpft und mehrmals fast aufgegeben. Im Jahr 2001 musste das Unternehmen wegen der Dot-Com-Krise 30 % der Belegschaft entlassen. Danach folgte ein jahrelanger Kampf um Rentabilität. Die heutige Firmenkultur stammt immer noch aus dieser Zeit – und stellt laufend alles infrage.

Kannibalisierung eigener Einnahmequellen
Das Beispiel von Netflix ist fast schon mit dem zweiten Ansatz verbunden, der Kannibalisierung eigener Einnahmequellen zugunsten von etwas Größerem. Das prominenteste Beispiel ist der Kindle von Amazon. Er wurde erfunden, weil Leser nach mehr Büchern fragten,

um sie auf Reisen mitnehmen zu können. Im Januar 2011 gab Amazon bekannt, dass der Verkauf digitaler Bücher zum ersten Mal ihre traditionellen gedruckten Pendants übertraf, wobei auf 100 Taschenbuchausgaben durchschnittlich 115 Kindle-Ausgaben verkauft wurden.

Neues Erlösmodell

Die radikalste Form der Innovation definiert ein neues Erlösmodell. Denken Sie über Ihr derzeitiges Geschäft nach und stellen Sie es auf den Kopf, indem Sie Einnahmeströme entwickeln, die dem derzeitigen Denkprozess entgegengesetzt sind. Wenn Sie Einzelhändler sind, verdienen Sie mehr Geld, je mehr Sie verkaufen. Wie würde ein Geschäft aussehen, bei dem Sie mehr Geld verdienen, wenn Sie weniger verkaufen? Ihr Geschäftssinn würde sich ändern, indem Sie die Kunden nicht mehr zum Kauf animieren, sondern sie ermutigen, gar nicht zu kaufen.

Transformatorische Geschäftsmodelle

Sehen wir uns einmal die weltweit größten Unternehmen im Jahr 2020 an und analysieren, inwieweit sie transformatorische Geschäftsmodelle verfolgen. (Schemmel, 2021) Wenn man die Bereiche Banken/Finanzinvestitionen sowie Öl und Gas aus der Liste herausnimmt, verfolgen 7 der 10 größten Unternehmen nach unserer Definition transformatorische Geschäftsmodelle, weil sie ihre Geschäftsmodell mindestens einmal neu erfunden haben. Relevante Beispiele sind:

Apple (Vereinigte Staaten; 268 Mrd. $ Umsatz und eine Marktbewertung von 1286 Mrd. $; transformativ). Das Unternehmen profitiert nach wie vor in hohem Maße vom Aufbau eines Ecosystems rund um mobile Geräte wie Telefone, wodurch es in den 1990er Jahren Nokia als führenden Mobiltelefonhersteller verdrängen konnte.

- AT&T (Vereinigte Staaten; 179 Mrd. USD Umsatz; 218 Mrd. USD Marktbewertung; transformativ), wird heute wahrscheinlich nicht mehr als „game changer" angesehen, aber die Wurzeln des Unternehmens liegen tief in der Veränderung des Status quo in der Kommunikation.
- Toyota Motor (Japan; 281 Mrd. USD; 173 Mrd. USD; nicht transformativ)
- Alphabet (Vereinigte Staaten; 173 Mrd. $; 919 Mrd. $; transformativ), hat die Suche im Netz erfunden und vor allem ein Ecosystem für Werbung aufgebaut. Unzählige weitere Innovationen wie Android als dominierendes Mobiltelefon-Betriebssystem.
- Microsoft (Vereinigte Staaten; 139 Mrd. $; 1.359 Mrd. $; transformativ), änderte sein Geschäftsmodell vom Verkauf von Softwarelizenzen zu einem abonnement-basierten Modell.
- Samsung Electronics (Südkorea; 198 Mrd. $; 279 Mrd. $; transformativ)
- Wallmart (Vereinigte Staaten; $524 Mrd.; $344 Mrd., nicht transformativ)
- Verizon (Vereinigte Staaten; $131 Mrd.; $238 Mrd., nicht transformativ)
- Amazon (Vereinigte Staaten; 296 Mrd. $; 1.233 Mrd. $, transformativ), skalierte den Online-Handel und entwickelte sich zu einem Technologieunternehmen.
- Volkswagen Group (Deutschland; 275 Mrd. $; 70 Mrd. $, nicht transformativ)

Anmerkung: Die Alibaba Group ist auf Platz 31 gelistet (China, $71 Mrd., $545 Mrd., transformativ).

3.4 Exponentielles Wachstum durch Technologie und Everything as a Service

Die meisten Geschäftsmodelle sind linear und zielen darauf ab, die Gewinne zu steigern oder die Kosten um einen geringen zweistelligen Prozentsatz zu senken. Bei einem exponentiellen Geschäftsmodell denken wir in Form von Veränderungen, die 10-mal größer oder kleiner sind als der heutige Wert – die gängige Abkürzung für dieses Ziel ist „10X". Was sind die Designprinzipien der exponentiellen Transformation? Abb. 3.3 Zunächst einmal muss Problem für ein Massenpublikum relevant sein. Dies kann durch einen skalierbaren informationsbasierten Plattformansatz erfolgen. Viele Unternehmen beginnen mit einem Kernangebot für ihre Kunden, um ein bestimmtes Bedürfnis zu befriedigen – wie Uber und der Personentransport – und erweitern dann ihre Dienste, um andere Bedürfnisse zu befriedigen, wie UberEATS oder UberHEALTH. Informationsbasierte Dienste und Plattformen ermöglichen es Unternehmen, ihre Produkte und Dienstleistungen zu digitalisieren. Sie schaffen nicht nur neue Versionen ihrer traditionellen Angebote, sondern auch völlig neue Marktplätze. Die Plattform von AirBnB vermittelt kurzfristige Unterkünfte, Slack digitalisiert die Zusammenarbeit und den Wissensaustausch, das Genetik Unternehmen 23andMe bietet DNA-Sequenzierungen zu erschwinglichen Preisen für jedermann an. Jedes Unternehmen, unabhängig von der Branche, sollte untersuchen, wie und was es in seinem bestehenden Leistungsangebot digitalisieren kann, um nicht nur bestehende Kunden besser zu bedienen, sondern neue Käufergruppen erschließen kann. Erfolgreiche Unternehmen

Phase \ Dimension	Führung von Morgen		
	Business Model Elemente	Radikale Kundenfokussierung	Exponentielles Wachstum durch Technologie
1 Unternehmensstrategie	Vision, Mission und Ziele		Relevanz des Problems für die Masse
2 Kundensegmente	Kundengruppen		Relevanz des Problems für die Masse
3 Wertversprechen	Das Angebot		Informationsbasierte Dienste und Plattformen
4 Kundenbeziehungen	Beziehungen pro Kunden-segment	Minimallösung, Status quo, Mental Franchise, Transformatorische Innovation	Aufbau einer Fangemeinde
5 Vertriebskanäle	Vertriebskanäle		Nutzung von Netzwerkexternalitäten
6 Schlüsselressourcen	Wichtigste Ressourcen		Dezentralisierung und beschleunigte Entscheidungsfindung
7 Schlüsselaktivitäten	Schlüsselaktivitäten		Automatisierte und skalierbare Prozesse
8 Wichtige Partner	Wichtigste Partner und Lieferanten		Ungewöhnliche Partnerschaften
9 Kostenstruktur	Zentrale Kosten		Algorithmen im Kern
10 Einnahmeströme	Preis pro Wert-versprechen		Informationsbasierte Dienste und Plattformen

Abb. 3.3 Exponentielles Wachstum

bauen um ihre Kunden eine Art Fangemeinde auf und nutzen diese dann bei der Weiterentwicklung bestehender Angebote und der Entwicklung neuer Dienstleistungen oder Produkte. Gute Beispiele sind benutzergesteuerte Anpassung grundlegender Funktionen, wie beispielsweise die Filter auf Instagram, die erweiterten Linsen auf Snap und die Mashup-Funktionalität auf Musical.ly, ermöglicht es den Nutzern, etwas Einzigartiges zu schaffen und ihre Kreationen über mehrere Berührungspunkte zu teilen, was als viraler Vertriebs- und Marketingkanal fungiert. Viele exponentiell wachsende Unternehmen nutzen die sozialen Medien, um eine Konvergenz zwischen Online- und Offline Handel herzustellen. Nutzergenerierte Inhalte werden durch Netzwerkexternalitäten verstärkt – je mehr Menschen zu der Plattform beitragen, desto wertvoller wird der Service. Die am schnellsten wachsenden Unternehmen nutzen diese Strategie, um Kunden zu akquirieren, zu binden und ihren Wert zu steigern. Die Verkehrs-App Waze verbindet GPS-Daten mit Echtzeit-Verkehrsinformationen von Nutzern und nutzt Gamification-Methoden, um den Prozess unterhaltsam und ansprechend zu gestalten. Waze wurde von Google für 1,3 Mrd. $ übernommen, als das Unternehmen nur 100 Mitarbeiter hatte, und hat sich seitdem zum beliebtesten Dienst für Pendler entwickelt. (Reuters, 2013) In einer vernetzten Welt müssen Mitarbeiter mit Kunden kommunizieren und Erkenntnisse und Erfahrungen in Echtzeit austauschen. Wenn man den Mitarbeitern die Möglichkeit gibt, in einer unterstützenden und offenen Kultur das zu tun, was sie brauchen, wird die Entscheidungsfindung dezentralisiert und beschleunigt. Zappos war einer der ersten Pioniere beim Aufbau einer „Holokratie" -Kultur, indem es professionelle Managementpositionen abschaffte und die Mitarbeiter befähigte Entscheidungen selbst zu treffen. Unternehmen wie Microsoft setzen seit langem auf soziale Software, um die spontane Zusammenarbeit zu unterstützen, und bauen Netzwerk- und soziale Funktionen in alle ihre neuen Office-Suiten ein. Automatisierte und skalierbare Prozesse werden durch Technologien ermöglicht, die Routinetätigkeiten analysieren und automatisieren, um traditionelle Herstellungs- oder Liefermethoden zu optimieren. Amazon setzt seit langem Roboter ein, um Produkte in seine Lager einzulagern und auszuliefern, und nähert sich der Auslieferung seiner Produkte durch

Drohnen. Das Unternehmen hat auch erkannt, dass eine seiner wichtigsten strategischen Aktivitäten – Cloud und Datenspeicherung – zu einer wertvollen Ressource für andere werden könnte. Amazon Web Services (AWS) – der gemietete Zugang zur Computerinfrastruktur – wurde 2006 ins Leben gerufen. Zehn Jahre später trug AWS 56 % zum Wachstum von Amazon bei und ist auf dem besten Weg, in weniger als fünf Jahren ein 100-Mrd.-$-Unternehmen zu werden. (Amazon, 2016) Algorithmen sind das Herzstück vieler Unternehmen. Google ist eines der besten Beispiele für ein Unternehmen, das auf einem Algorithmus (zum Ranking von Websites) basiert, der dann durch maschinelles Lernen ergänzt wird. StichFix, eines der am schnellsten wachsenden On-Demand-Einzelhandelsunternehmen, verfügt über ein Team von mehr als 65 Data Scientists und nutzt Algorithmen, um den Großteil seines Geschäfts zu steuern. Obwohl das Unternehmen ein Einzelhändler ist, betreibt es einen der angesehensten Blogs über Daten.

Literatur

Adaptiert nach Osterwalder et al. (2010). Business Model Generation: A Handbook for Visionaries, Game Changers, and Challengers, mit freundlicher Genehmigung von © Wiley 2010.

Amazon. (2016). Annual Report. https://ir.aboutamazon.com/annual-reports-proxies-and-shareholder-letters/default.aspx. Zugegriffen: 31. Dez. 2021.

Henkel Geschäftsbericht. (2021). https://www.henkel.de/investoren-und-analysten/finanzberichte/geschaeftsberichte. Zugegriffen: 28. Febr. 2022.

Müller, G. (2018). *Google gibt seinen Mitarbeitern Freiräume – und profitiert davon.* (2. Oktober 2018) NZZ. https://www.nzz.ch/wirtschaft/google-innovation-braucht-freiraeume-ld.1424815. Zugegriffen: 31. Dez. 2021.

Netflix Culture. (2021). https://jobs.netflix.com/culture. Zugegriffen: 31. Dez. 2021.

Reuters. (11. Juni 2013). Google buys Israel's Waze to keep mobile maps lead. https://www.reuters.com/article/us-google-waze-idUSBRE95A0TD20130611. Zugegriffen: 31. Dez. 2021.

Schemmel, B. (2021). *Analyse der Jahresberichte der Fortune 500 Unternehmen.* (01.07.2021).

ShareNow Zahlen und Fakten. (2022). https://www.share-now.com/de/de/newsroom/#press-facts-and-figures. Zugegriffen: 28. Febr. 2022.

Wikipedia. (o. J.). Tier Mobility. https://de.wikipedia.org/wiki/Tier_Mobility. Zugegriffen: 31. Dez. 2021.

4

Entwicklung nachhaltiger Geschäftsmodelle durch Ecosysteme

Zusammenfassung Die Agenda für den Aufbau und die Skalierung von Unternehmen der nächsten Generation konzentriert sich auf klare Prinzipien, ein optimiertes Stakeholder-Management und klare Organisationsstrukturen. Die Grundsätze umfassen den Zweck des Unternehmens, der über die Befriedigung von Stakeholdern und Investoren durch Geldverdienen hinausgeht. Unternehmen sind eingebettet in ein Land und eine Gesellschaft, deren Mitarbeiter und Bürger von den Unternehmensführern erwarten, dass sie Verantwortung für das Gemeinwohl übernehmen. Gleichzeitig gibt es ganz klare Maßnahmen, die Führungskräfte ergreifen müssen, um von den Kunden ausgehend rückwärtszuarbeiten und die Rolle der Produktmanager neu zu definieren, um kundenorientierte Lösungen schnell auf

© Springer Fachmedien Wiesbaden GmbH, ein Teil von Springer Nature 2022
B. Schemmel, *Führung von Morgen*, Fit for Future,
https://doi.org/10.1007/978-3-658-39163-8_4

den Markt zu bringen und eine Roadmap zu erstellen, die mit einem minimal lebensfähigen Produkt beginnt. Geschwindigkeit zählt mehr als ein perfektes Produkt – Agilität schlägt 100 % Engineering. Ecosysteme müssen definiert und orchestriert werden, um den Wert für Kunden in einer komplexen Welt zu maximieren, in der Partnerschaften der Schlüssel zum Erfolg sind. Der Umgang mit den Stakeholdern muss offen und transparent sein, und die Organisation muss als Hochleistungsteam aufgebaut sein, das die Unternehmensstrategie unterstützt und nicht die interne Politik. Obwohl es viele organisatorische Details gibt, haben sich einige führende Praktiken als universelles Wissen herausgestellt.

Die Aufgabe des Unternehmensleiters besteht darin, ein nachhaltiges und rentables Unternehmen aufzubauen, dessen Zweck auf klaren ethischen Standards beruht. Eingebettet in den Kontext der Werte und des Kundenfokus führt dies zu klaren Grundsätzen: Angefangen bei einem klaren Zweck, der mit den Unternehmenswerten und der Mission übereinstimmt und tief in der Organisation verwurzelt ist, bis hin zu einer übermäßigen Konzentration auf die zu lösenden Kundenbedürfnissen. Die beiden wichtigsten Instrumente sind eine klare Rolle des Produktmanagers, der den Kundenfokus tief verinnerlicht hat und durch die Synthese der verschiedenen Inputs ein erstklassiges Produkt entwickeln kann, sowie eine klare Ecosystem-Strategie. Darüber hinaus müssen die Rolle der Unternehmensbeteiligten und die eigentliche Unternehmensorganisation definiert und eingerichtet werden.

4.1 Die Auswirkungen von Megatrends auf den Unternehmenszweck

Als der US-Autobauer Tesla 2016 seinen Masterplan veröffentlichte, wurde er von Branchenexperten kontrovers und teilweise als zu ehrgeizig aufgenommen. Dieser Plan zeigt die Kraft eines Ziels, das die Richtung für viele Jahre vorgibt und größer ist als der Verkauf von Autos. Der Gründer von Tesla, Elon Musk, hat den Zweck seines Unternehmens auf 4 einfache Aussagen reduziert:

> „Solardächer mit integriertem Batteriespeicher; Elektrofahrzeuge für alle Kundensegmente; selbstfahrende Autos die zehnmal sicherer sind als heute; Unbenutzte Autos monetarisieren." (Musk, 2016)

Das ist eine große Vision und gleichzeitig greifbar. Die Definition eines Unternehmenszwecks bezieht sich im besten Fall auf Megatrends, die eine globale Orientierung darüber bieten, wohin sich Gesellschaften und Individuen entwickeln und was die zugrunde liegenden Rahmenbedingungen sind. Megatrends können Unternehmen befeuern oder stoppen – je nachdem, wann sie eintreten und in welchem Umfang und mit welchen Auswirkungen. Deshalb ist es wichtig, den Einfluss dieser Trends auf das künftige Geschäftsmodell abzuschätzen. Im Fall von Tesla sind es mindestens Konnektivität, Neo-Ökologie, New Work und die alternde Gesellschaft. Wirtschaftsethik kommt ins Spiel, wenn es darum geht, das Modell mit den eigenen Werten und dem Unternehmenszweck in Einklang zu bringen. Die Fragen beziehen sich wenigstens auf den Verkauf (was wird verkauft und wie), den Preis für den Kunden und die Arbeitsbedingungen, unter denen das Unternehmen und seine Zulieferer arbeiten. In einem letzten Schritt mündet die Synthese von Trends und Werten in einen überarbeiteten Unternehmenszweck.

Lawinen in Zeitlupe – dieses Bild nutzt das Zukunftsinstitut zur Beschreibung der Megatrends, denn sie entwickeln sich zwar langsam, haben aber eine enorme Kraft (Aus Megatrend Dokumentation (2021) mit freundlicher Genehmigung von © Zukunftsinstitut GmbH 2021). Sie betreffen alle Ebenen der Gesellschaft und beeinflussen damit Unternehmen, Institutionen und Individuen. Megatrends sind daher nicht nur ein Kernelement der Forschung des Zukunftsinstituts, sondern auch die Grundlage für Entscheidungen in Wirtschaft, Politik und auf persönlicher Ebene. Megatrends benennen und beschreiben äußerst komplexe Veränderungsdynamiken und sind ein Modell für den Wandel der Welt: eine Methode, die hilft, die hochkomplexen und vielfältigen Veränderungsdynamiken der Gesellschaft im 21. Jahrhundert verständlich und greifbar zu machen. Für die Identifizierung und Definition von Megatrends gibt es vier Kriterien:

1. Dauer: Megatrends dauern im Regelfall mehr als 10 Jahre, häufig sogar mehrere Jahrzehnte.
2. Ubiquität: Megatrends wirken sich auf etliche Bereiche der Gesellschaft aus – von der Wirtschaft bis zum sozialen Zusammenleben.
3. Globalität: Megatrends sind globale Phänomene, die sich früher oder später überall auf der Welt beobachten lassen.
4. Komplexität: Megatrends sind komplexe und multidimensionale Trends. Sie erzeugen ihre Dynamik und ihren evolutionären Druck durch gegenseitige Wechselwirkungen.

Jeder dieser Megatrends kann im Hinblick auf die eigenen geschäftlichen Möglichkeiten bewertet werden, um Prioritäten zu definieren, die eigene Position dazu zu bestimmen und herauszufinden, wie wir als Unternehmen uns im Kontext der Trends positionieren. Abb. 4.1.

Führung von Morgen				
Dimension / Phase	Business Model Elemente	Radikale Kundenfokussierung	Exponentielles Wachstum durch Technologie	Mega Trends
1 Unternehmensstrategie	Vision, Mission und Ziele	Minimallösung, Status quo, Mental Franchise, Transformatorische Innovation	Relevanz des Problems für die Masse	Wissenskultur, Vernetzung, Konnektivität, Individualisierung, Neo-Ökologie, Globalisierung, Geschlechterverschiebung, Gesundheit, Neue Arbeit, Mobilität, Alternde Gesellschaft, Sicherheit
2 Kundensegmente	Kundengruppen		Relevanz des Problems für die Masse	
3 Wertversprechen	Das Angebot		Informationsbasierte Dienste und Plattformen	
4 Kundenbeziehungen	Beziehungen pro Kundensegment		Aufbau einer Fangemeinde	
5 Vertriebskanäle	Vertriebskanäle		Nutzung von Netzwerkexternalitäten	
6 Schlüsselressourcen	Wichtigste Ressourcen		Dezentralisierung und beschleunigte Entscheidungsfindung	
7 Schlüsselaktivitäten	Schlüsselaktivitäten		Automatisierte und skalierbare Prozesse	
8 Wichtige Partner	Wichtigste Partner und Lieferanten		Ungewöhnliche Partnerschaften	
9 Kostenstruktur	Zentrale Kosten		Algorithmen im Kern	
10 Einnahmeströme	Preis pro Wertversprechen		Informationsbasierte Dienste und Plattformen	

Abb. 4.1 Mega Trends

4.2 Wirtschaftsethik

Unternehmenswerte entstehen nicht einfach – sie sind die
Folge einer langjährigen Tätigkeit und einer über einen
bestimmten Zeitraum geformten Unternehmenskultur.
Die Wirtschaftsethik in ihrer derzeitigen Definition ist
ein relativ neues Feld, das in den 1970er und 1980er
Jahren entstanden ist. Gelehrte denken zumindest seit
dem Code von Hammurabi (ca. 1750 v. Chr.) über
ethische Fragestellungen nach. (Wikipedia, o. J.) Unternehmensethik zielt darauf ab, Leitplanken für den Ver-
stand zu schaffen – die tatsächliche Umsetzung in die
Unternehmenspolitik ist eine der wichtigsten Herausforderungen, die Führungskräfte in der heutigen Zeit
lösen müssen. Das liegt daran, dass jede Frage mit zahlreichen Konsequenzen und Überlegungen verbunden
ist, die die grundlegenden Werte eines Unternehmens
und seiner Mitarbeiter berühren. Wirtschaftsethik ist
die Lehre von der angemessenen Geschäftspolitik und
-praxis in Bezug auf potenziell kontroverse Themen wie
Unternehmensführung, Insiderhandel, Bestechung, Dis-
kriminierung, soziale Verantwortung von Unternehmen
und treuhänderische Verantwortung. In vielen Fällen ist
die Wirtschaftsethik durch das Gesetz vorgegeben, in
anderen Fällen stellt sie eine grundlegende Richtlinie dar,
an die sich Unternehmen halten sollen, um öffentliche
Anerkennung zu erhalten. Darüber hinaus hat jede Entscheidung finanzielle Auswirkungen – entweder auf die
Einnahmen oder auf den Gewinn, und es stellt sich die
Frage, wie ein ethisch bedingter Gewinnverlust (wenn
überhaupt) kompensiert werden kann. Seit einigen Jahren
schon versuchen Unternehmen vermehrt, Marketing und

soziale Verantwortung in Einklang zu bringen. Wenn Sie als Unternehmen beispielsweise Müsli mit rein natürlichen Zutaten verkaufen, können Sie dies sicherlich als Verkaufsargument nutzen. Darüber hinaus gibt es klare Gesetze, die die Kennzeichnungspraxis regeln. Anders sieht es aus, wenn Sie ballaststoffreichen Cerealien erwähnen wollen, die das Risiko für bestimmte Krebsarten verringern können. Sie können keine zweifelhaften gesundheitsbezogenen Angaben machen, ohne einen Rechtsstreit und Geldstrafen bei den entsprechenden Aufsichtsbehörden zu riskieren. Auch ist ein solches Vorgehen nicht zu rechtfertigen, selbst wenn Wettbewerber ähnlich fragwürdige Kennzeichnungspraktiken anwenden. Die Erkenntnis ist, dass es in den meisten Fällen keine eindeutigen richtigen oder falschen Antworten gibt, sondern nur moralisches Abwägen. Um die Umsetzung zu steuern, wird den Führungskräften empfohlen, einen bereichsübergreifendes Ethik Board einzurichten, das die relevanten Diskussionen steuert und die Beweggründe für die Entscheidungen in nachvollziehbarer Weise dokumentiert.

4.2.1 Ethik Board

Wir denken bei der Wirtschaftsethik an die moralischen Verpflichtungen der Akteure, die in der Wirtschaft tätig sind. Moralische Akteure sind Individuen. In einem Unternehmenskontext kann die Summe aller Individuen als moralisches Handeln des Unternehmens oder als moralische Verantwortung bezeichnet werden. Es geht um die Frage, ob Unternehmen moralisch handeln und moralisch verantwortlich sind, wenn man sie als Unternehmen betrachtet und nicht als Aggregate von einzelnen

Mitgliedern des Unternehmens. Nehmen wir BP als Beispiel: Vielleicht war BP selbst moralisch verantwortlich
für die Verschmutzung des Golfs von Mexiko. Vielleicht
waren es aber auch bestimmte Personen, die bei BP
arbeiten. Unternehmen wie BP können rechtlich verpflichtet werden, Schadenersatz für von ihnen verursachte
Schäden zu leisten, auch wenn sie moralisch nicht dafür
verantwortlich sind. Indem wir den Unternehmen
Handlungsfähigkeit und Verantwortung zuschreiben,
können wir sie beschuldigen und bestrafen. Es ist nicht
nur sinnvoll (und gängige Rechtspraxis), dem Unternehmen die Verantwortung für den Schaden zuzuweisen;
darüber hinaus ermöglicht die moralische Handlungsfähigkeit von Unternehmen ein schuldhaftes Verhalten,
wo dies sonst nicht möglich wäre. Da der Ruf eines Unternehmens ein bedeutender Vermögenswert oder eine große
Belastung sein kann, bietet dies einen Anreiz für Unternehmen, bei ihren Tätigkeiten die gebotene Sorgfalt
walten zu lassen.

Eine mögliche Lösung kann darin bestehen, ein Ethik
Board aus ausgewählten Personen zu bilden, die Teil der
Wertschöpfungskette für ein bestimmtes Produkt oder
eine bestimmte Tätigkeit sind. Diese Personen diskutieren
zentrale Fragestellungen des unternehmerischen Handelns,
kommen zu einer gemeinsamen ethischen Position
und dokumentieren die Gründe für ihre Empfehlung.
Im Beispiel von BP wäre die Kernfrage eines solchen
Gremiums, wie mit den Ergebnissen der Verschmutzung
umgegangen werden soll. Dazu gehören viele Folge-
fragen, beispielsweise welche Maßnahmen geeignet sind,
um die Auswirkungen auf die Natur und die Gesellschaft
zu begrenzen, wer für sie aufkommen würde und wie
lange sie dauern würden, was die beste Kommunikations-
strategie wäre und wie wir unsere Arbeitsabläufe ändern
müssten, um das Risiko zu begrenzen, dass sich solche
Unfälle wiederholen. Jede dieser Fragen eröffnet einen

Baum von Entscheidungen und Begründungen – ohne klare Antworten. Besonders die letzte Frage ist in einem anderen Zusammenhang interessant: Wie viel Aufwand betreibt ein Unternehmen, wenn es weiß, dass es nie eine 100 %ige Sicherheit geben wird? Ist es ethisch korrekt, Anstrengungen zu unternehmen, 95 % Sicherheit zu erzielen, oder sind 97 % erstrebenswert? Und wie lässt sich das messen?

4.2.2 Zentrale ethische Kernfragen

Neben den alltäglichen Fragestellungen, mit denen sich das Ethik Board befassen würde, gibt es substanzielle Kernfragen, die beim Aufbau eines Unternehmens relevant sind. (Steinmeier, 2015) Abb. 4.2 und 4.3

1. Welche Rolle sollte das Unternehmen in der Gesellschaft spielen?
2. Produkte und Dienstleistungen: Was sollte ein Unternehmen auf dem Markt verkaufen?
3. Vertrieb: Wie sollten Unternehmen für ihre Produkte werben und sie verkaufen?
4. Mitarbeiter: Wie sollten die Mitarbeiter eines Unternehmens behandelt (und bezahlt) werden?
5. Preis: Was sollte ein fairer Preis sein und wie sollten Verhandlungen ablaufen?

4.3 Definition eines kohärenten Unternehmenszwecks

Werte, Positionen und ethische Überlegungen müssen in Einklang mit dem Geschäftsmodell gebracht werden. Für die zentralen ethischen Fragestellungen sind Antworten zu finden und externe Kosten müssen internalisiert

Phase	Dimension	Business Model Elemente	Radikale Kundenfokussierung	Exponentielles Wachstum durch Technologie	Mega Trends	Wirtschaftsethik
1	Unternehmensstrategie	Vision, Mission und Ziele		Relevanz des Problems		Welche Rolle sollte das Unternehmen in der Gesellschaft spielen?
2	Kundensegmente	Kunden-gruppen		Massen-tauglichkeit		
3	Wertversprechen	Das Angebot		Informations-basierte Dienste und Plattformen		Produkte und Dienstleistungen: Was sollte ein Unternehmen auf dem Markt verkaufen?
4	Kundenbeziehungen	Beziehungen pro Kunden-segment	Minimallösung, Status quo, Mental Franchise, Transformatorische Innovation	Aufbau einer Fan-gemeinde	Wissenskultur, Verstädtung, Konnektivität, Individualisierung, Neo-Ökologie, Globalisierung, Geschlechterverschiebung, Gesundheit, Neue Arbeit, Mobilität, Alternde Gesellschaft, Sicherheit	
5	Vertriebskanäle	Vertriebskanäle		Nutzung von Netzwerk-externalitäten		Vertrieb: Wie sollten Unternehmen für ihre Produkte werben und sie verkaufen?
6	Schlüsselressourcen	Wichtigste Ressourcen		Dezentralisierung		Mitarbeiter: Wie sollten die Mitarbeiter eines Unternehmens behandelt (und bezahlt) werden?
7	Schlüsselaktivitäten	Schlüssel-aktivitäten		Automatisierte und skalierbare Prozesse		
8	Wichtige Partner	Wichtigste Partner und Lieferanten		Ungewöhn-liche Partner-schaften		
9	Kostenstruktur	Zentrale Kosten		Algorithmen im Kern		
10	Einnahmeströme	Preis pro Wert-versprechen		Informations-basierte Dienste und Plattformen		Preis: Was sollte ein fairer Preis sein und wie sollten Verhandlungen ablaufen?

Führung von Morgen

Abb. 4.2 Wirtschaftsethik

werden, um für zukünftige gesetzliche Anforderungen gewappnet zu sein und um für Kunden, Mitarbeiter, und die Gesellschaft ein ernst zu nehmender Akteur zu sein. Häufig fällt es Führungskräften schwer, diese Themen in ihre eigene Strategie zu integrieren. Dies hängt u. a. mit veränderlichen Anforderungen des Normgebers (und der Anforderung an Führungskräfte, solche Änderungen vorherzusehen, um sie in der Geschäftsstrategie berücksichtigen zu können), sowie den einhergehenden Kosten der Umsetzung zusammen. Geschäftsmodelle, die sich nach einer Revision unter ethischen Standards nicht mehr wirtschaftlich tragen sind radial zu ändern. Technologie kann helfen, Effizienzen zu heben, um höhere Kosten zu kompensieren.

Ein entscheidender Aspekt zur Definition eines Unternehmenszwecks ist die inhärente. Es geht darum, in einer Organisation ein gemeinsames Verständnis über den Sinn der Arbeit zu entwickeln. Es muss Antworten auf die Fragen geben: Warum kommen die Menschen in dieser Organisation zur Arbeit? Welche Eigenschaften verbinden sie miteinander? Das Leitbild muss spezifisch für eine bestimmte Organisation sein. Es muss auch die Wettbewerbsposition der Organisation in dieser Hinsicht erläutern und die Einstellung von Mitarbeitern muss daran gekoppelt sein. Um den Sinn für das Ziel zu erhalten, müssen sich die Führungskräfte darüber im Klaren sein, wie die Mitarbeiter in die Lage versetzt werden, ihr Ziel zu erreichen. Dies muss von der Geschäftsführung unterstützt werden, und es müssen glaubwürdige Anreize geschaffen werden, die auf das Ziel ausgerichtet sind. Während Werte anpassungsfähig sein und auf das Umfeld reagieren müssen, dürften sie sich aber nicht zu oft ändern – es geht darum, die richtige Balance zu finden. Das Gleiche gilt für die Erfolgsmessung: Es muss ein Verfahren geben, mit dem man weiß, ob sich das Unternehmen in die richtige Richtung bewegt. Das ist extrem wichtig – sonst ist es nur billiges Gerede. Eine andere übliche Frage dreht sich um die Kosten und den messbaren Nutzen. Es gibt einen klaren Zusammenhang zwischen einer Belegschaft, die produktiver und innovativer ist und die Bemühungen um Veränderungen und die Einführung neuer Verfahren unterstützt. Es bedeutet auch, nein zu sagen zu Geschäften, die nicht zu Ihrem Zweck passen, und manchmal dort zu investieren, wo andere nicht investieren wollen. Es können drei Haupttypen zweckorientierter Unternehmen unterschieden werden:

1. Es gibt die werteorientierte Organisation: Hier stehen die Werte im Mittelpunkt aller Entscheidungen und die Frage „Was ist das Richtige?" steht hinter jeder wichtigen Entscheidung.
2. Es gibt die Organisation, die nach Spitzenleistungen strebt, deren Ziel ihr Handwerk ist und die sich auf Qualitätsarbeit konzentriert.
3. Dann gibt es die wirkungsorientierte Organisation, die die Verantwortung für ihre Auswirkungen auf ihre Stakeholder übernimmt und sich proaktiv um die Optimierung dieser Auswirkungen bemüht.

	Führung von Morgen					
Phase / Dimension	Business Model Elemente	Radikale Kundenfokussierung	Exponentielles Wachstum durch Technologie	Mega-Trends	Wirtschaftlichkeit	Der schlanke Unternehmenszweck
1 Unternehmensstrategie	Vision, Mission und Ziele		Relevanz des Problems		Gesellschaftliche Rolle	
2 Kundensegmente	Kundengruppen		Massentauglichkeit			
3 Wertversprechen	Das Angebot		Informationsbasierte Dienste und Plattformen		Produkte und Dienstleistungen	
4 Kundenbeziehungen	Beziehungen pro Kundensegment	Minimallösung, Status quo, Mental Franchise, Transformatorische Innovation	Aufbau einer Fan-gemeinde	Wissenskultur, Vernetzung, Konnektivität, Individualisierung, Neo-Ökologie, Globalisierung, Geschlechterverschiebung, Gesundheit, Neue Arbeit, Mobilität, Alternde Gesellschaft, Sicherheit		Werteorientierte Organisation, Organisation der Spitzenleistungen, Wirkungsorientierte Organisation
5 Vertriebskanäle	Vertriebskanäle		Nutzung von Netzwerk-externalitäten		Vertrieb	
6 Schlüsselressourcen	Wichtigste Ressourcen		Dezentralisierung		Mitarbeiter	
7 Schlüsselaktivitäten	Schlüsselaktivitäten		Automatisierte und skalierbare Prozesse			
8 Wichtige Partner	Wichtigste Partner und Lieferanten		Ungewöhnliche Partnerschaften			
9 Kostenstruktur	Zentrale Kosten		Algorithmen im Kern			
10 Einnahmeströme	Preis pro Wertversprechen		Informationsbasierte Dienste und Plattformen		Preis	

Abb. 4.3 Unternehmenszweck

In jeder dieser Arten von Organisationen gibt es Menschen, die sich jeden Tag dafür entscheiden, mit dem Ziel vor Augen zu arbeiten. Die Organisationen, denen es gut geht, sind diejenigen, die den Einzelnen dabei unterstützen, sich ihrer Ziele bewusst zu werden und sie mit den Zielen der Organisation zu verbinden. Nehmen Sie Ihr Geschäftsmodell als Input und fügen eine Dimension „Zweck" hinzu. Bewerten Sie bestehende und neue Modelle anhand der obigen 3 Typen.

4.4 Kundenbedürfnisse erfassen und interne Abteilungen danach steuern

Der Kunde ist die zentrale Person – es geht darum, Bedürfnisse zu verstehen, eine Produkt- oder Service-Roadmap zu definieren und die Stimme des Kunden in die Organisation zu bringen. Bei der Entwicklung der ersten Minimallösung, aber auch später bei der Priorisierung des Backlog an Funktionen benötigen Führungskräfte einfache Werkzeuge und einen konsistenten Prozess. In europäischen Unternehmen neigen wir manchmal zu der Vorstellung, dass es einen genialen Ingenieur gibt, der eine bahnbrechende Idee hat und diese durch harte Arbeit und Perfektion zum Leben erweckt, bis das Produkt zu 100 % fertig ist und unter allen Umständen funktioniert. Diese Zeiten sind vorbei, denn sie berücksichtigen nicht den Bedarf an Geschwindigkeit und Agilität, der durch die sich ständig ändernden Kundenbedürfnisse und eine gesteigerte Wettbewerbssituation entsteht. Amazon hat den Kundenfokus von Beginn an in den Mittelpunkt seiner Tätigkeit gestellt. Interdisziplinäre Teams erstellen und überarbeiten eine Reihe von Standarddokumenten, bevor ein neues Produkt oder eine neue Dienstleistung getestet wird. Alles beginnt mit einer internen Pressemitteilung einschließlich häufig gestellter Fragen. Dabei handelt es sich um eine idealisierte zukünftige Pressemitteilung und die dazugehörigen häufigen Fragen. Dieses Dokument ist der Ausgangspunkt für andere Produktdokumente. Eine Stärke ist, dass sie von jedem in einer Organisation verstanden werden können. Das Dokument folgt einem klaren Format: Eine Pressemitteilung, die aus der Sicht der Zukunft geschrieben ist, wenn das neue Produkt veröffentlicht wird. Eine öffentliche Fragensammlung, in der die Fragen, die ein Kunde zu dem Produkt haben könnte, so formuliert sind, als handele es sich um eine öffentliche Produktdokumentation. Zusätzlich gibt es eine interne Fragensammlung, in der alle Fragen interner Stakeholder beantwortet werden, die während des Produktentwicklungsprozesses aufgetaucht sind. Eine Pressemitteilung ist in der Regel eine bis anderthalb Seiten lang und folgt einem sehr vorgefertigten Format. Eine kleine Funktion wie eine neue Suchleiste ist wahrscheinlich eine einseitige PR, nicht kürzer. Die Übernahme von Whole Foods für 13,7 Mrd. USD war wahrscheinlich eine eineinhalbseitige PR, nicht länger. Die Fragenliste können beliebig lang sein, und hier besteht der größte Unterschied zwischen einfacheren und komplizierteren Produkten. Ein einfaches Produkt könnte zum Beispiel 2 Seiten FAQs haben, ein komplizierteres Produkt vielleicht 20 Seiten FAQs. Diese Dokumente sollten der Ausgangspunkt für alle anderen Produktdokumente sein:

- Ihr Entwicklungsteam sollte die PRFAQ als Ausgangspunkt für das Scoping nutzen können; Ihr Designteam sollte die PRFAQ als Ausgangspunkt für Designdokumente nutzen können.

- Das Vertriebsteam sollte in der Lage sein, Ihre PRFAQ zu nutzen, um das Vertriebshandbuch für das neue Produkt zu erstellen.
- Das Marketing sollte die PRFAQ nutzen können, um aktuelle Pressemitteilungen zu erstellen.
- Die Sponsoren in der Geschäftsleitung sollten Ihre PRFAQ nutzen können, um zu verstehen, welche Ressourcen für die Entwicklung des Produkts benötigt werden.

Die PRFAQ ist eine gute Gating-Funktion. Wenn es Ihnen nicht gelingt, eine PR zu erstellen, die für alle Beteiligten verständlich ist, dann handelt es sich wahrscheinlich um eine schlechte Produktidee: Vielleicht packen Sie zu viele Dinge in ein Produkt, oder die Wirkung des Produkts zielt nicht auf einen echten Schmerzpunkt ab. Abb. 4.4.

4.5 Das Unternehmen als Teil eines Ecosystems

Die erfolgreichsten Unternehmen der letzten 50 Jahre haben sich auf starke Ecosysteme gestützt und diese in den meisten Fällen selbst entwickelt. Das Internetzeitalter hat die Hürden für den Aufbau digitaler Ecosysteme radikal gesenkt. Ein Unternehmens-Ecosystem ist ein Netzwerk von Organisationen – einschließlich Lieferanten, Händlern, Wettbewerbern, Kunden, Regulierungsbehörden und anderen Akteuren, die an der Bereitstellung eines Produkts oder einer Dienstleistung durch Kooperation oder Wettbewerb beteiligt sind. Ein digitales Ecosystem besteht aus internen Lösungen, Anwendungen und Systemen sowie aus externen Handelspartnern, Lieferanten, Kunden, Drittanbietern von Datendiensten

Führung von Morgen							
Dimension / Phase	Business Model Elemente	Radikale Kundenfokussierung	Exponentielles Wachstum durch Technologie	Mega Trends	Wirtschaftszweck	Der konkärere Unternehmenszweck	Kundenbedürfnisse Erfassen
1 Unternehmensstrategie	Vision, Mission und Ziele		Relevanz des Problems		Gesellschaftliche Rolle		
2 Kundensegmente	Kundengruppen		Massentauglichkeit				
3 Wertversprechen	Das Angebot		Informationsbasierte Dienste und Plattformen		Produkte und Dienstleistungen		
4 Kundenbeziehungen	Beziehungen pro Kundensegment	Minimallösung, Status quo, Mental Franchise, Transformatorische Innovation	Aufbau einer Fan-gemeinde	Wissenskultur, Verstädtung, Konnektivität, Individualisierung, Neo-Ökologie, Globalisierung, Geschlechterverschiebung, Gesundheit, Neue Arbeit, Mobilität, Alternde Gesellschaft, Sicherheit		Wertorientierte Organisation, Organisation der Spitzenleistungen, Wirkungsorientierte Organisation	Best Practice: Dokumente ersetzen Präsentationen
5 Vertriebskanäle	Vertriebskanäle		Nutzung von Netzwerk-externalitäten		Vertrieb		
6 Schlüsselressourcen	Wichtigste Ressourcen		Dezentralisierung		Mitarbeiter		
7 Schlüsselaktivitäten	Schlüsselaktivitäten		Automatisierte und skalierbare Prozesse				
8 Wichtige Partner	Wichtigste Partner und Lieferanten		Ungewöhn-liche Partner-schaften				
9 Kostenstruktur	Zentrale Kosten		Algorithmen im Kern				
10 Einnahmeströme	Preis pro Wertversprechen		Informationsbasierte Dienste und Plattformen		Preis		

Abb. 4.4   Kundenbedürfnisse

und all ihren jeweiligen Technologien. Jedes Ecosystem schafft ein ganzheitlicheres Kundenerlebnis durch die Abdeckung einer größeren Wertschöpfungskette, ermöglicht eine größere Skalierung durch die Nutzung von Partnerlösungen und -diensten und ermöglicht Login-Effekte durch die Schaffung von Veränderungsbarrieren.

Bei der Implementierung von Geschäftsmodellen müssen Führungskräfte die Entscheidung zwischen „Make vs. Buy" und „Partnering" sowie zwischen potenziellen Ecosysteme treffen. Wenn der Entwurf eines traditionellen

Geschäftsmodells mit der Planung und dem Bau eines Hauses vergleichbar ist, so ist der Entwurf eines Ecosystems eher mit der Entwicklung eines ganzen Wohnviertels vergleichbar: komplexer, mehr Akteure, die koordiniert werden müssen, mehr Interaktionsebenen und unbeabsichtigte, sich ergebende Ergebnisse. Der Begriff „Business Ecosystem" stammt aus der Ökologie. Zunehmend homogenere Produkte, erhöhte Risiken durch neue Markteintritte oder stagnierende Märkte führen dazu, dass sich viele Unternehmen in einem zunehmend wettbewerbsintensiven Umfeld bewegen. Um sich aber in dieser neuen Situation zu behaupten, müssen Unternehmen ihre Innovationsleistung steigern. Dieses Ziel kann zum Beispiel durch die gezielte Vernetzung von Unternehmen in Ecosystemen erreicht werden. Unternehmen sollten daher, nicht als Mitglieder einer einzelnen Branche, sondern als Mitglieder eines branchenübergreifenden Systems von vernetzten Unternehmen (Ecosystemen) eingeordnet werden. Die Entwicklung von autonomen Unternehmen zu Ecosystemen wird durch die Digitalisierung zunehmend intensiviert. Durch die Digitalisierung sinken die Transaktionskosten zwischen Unternehmen, was die Zusammenarbeit zwischen Unternehmen immer attraktiver macht und die Branchengrenzen verschwimmen lässt. Dieser Trend führt dazu, dass sich das klassische Unternehmensbild permanent verändert. Unternehmen und Branchen strukturieren sich zunehmend auf einer höheren Aggregationsebene jenseits der klassischen Branchengrenzen. Diese neue Aggregationsstufe ist typischerweise ein Ecosystem. Das Neue an einem Business-Ecosystem ist gekennzeichnet durch gemeinschaftlichen Konsum (Sharing), Plattformen zum Informationsaustausch (Nachrichtendienste, Social Media), digitale Marktplätze und die Vernetzung von physischen und virtuellen Objekten (IoT). Die meisten

transformativen Unternehmen haben Ecosysteme aufgebaut und betreiben diese. Sie haben neue Geschäftsmodelle entwickelt, die über die Möglichkeiten eines
einzelnen Marktteilnehmers hinausgehen, sie haben Werkzeuge, Dienste und die Intelligenz von Partnern genutzt
und für die Kunden attraktive Dienste geschaffen.

Die zentrale Frage ist, ob das Kundenbedürfnis groß
und relevant genug ist, um die hohe Investition hoch-
rechtlich zu rechtfertigen und die richtigen Partner zu
überzeugen. Das Werteversprechen für ein neues Ecosystem kann von der Lösung eines bestehenden Kundenproblems abhängen (alles, was die Kunden vom Kauf
eines Produkts oder einer Dienstleistung abhält) oder von
Ansprache eines unerfüllten oder neuen Kundenbedarfs.
Das Wertpotential der Adressierung eines unerfüllten
Bedarfs ist schwer vorherzusagen, aber möglicherweise sehr
lohnend, da zunächst kein Angebot existiert, mit dem Sie
konkurrieren müssen. Wer hätte vor 20 Jahren vermutet,
dass Selfies, Fotos von Ihrem Essen und Katzenvideos
so ein tiefes menschliches Bedürfnis ist, dass Multi-
billion-Dollar-Unternehmen wie Instagram und YouTube
auf ihnen gebaut werden könnten? Das Lösen eines
bestehenden Kundenproblems ist dagegen vorhersehbarer.

Daneben gibt es 5 wesentliche Themenfelder: Das
grundsätzliche Modell des Ecosystems und die Partner, die
Governance Struktur, die Frage nach der Wertschöpfung,
der Prozess der Markteinführung und die anschließende
Skalierung. (Pidun, o. J.a.) Abb. 4.5.

4.5.1 Grundsätzliches Modell und Partner

Der anfängliche Entwurf eines Ecosystems beginnt mit
der Darstellung des Werteversprechens gegenüber den
Kunden: die Aktivitäten, die erforderlich sind, um das
Wertversprechen zu erfüllen, die Verbindungen zwischen

Phase / Dimension	Führung von Morgen							
	Business Model Elemente	Radikale Kundenfokussierung	Exponentielles Wachstum durch Technologie	Mega Trends	Wirtschaftsethik	Der kohärente Unternehmenszweck	Kundenbedürfnisse Erfassen	Das Unternehmen im Ecosystem
1 Unternehmensstrategie	Vision, Mission und Ziele		Relevanz des Problems		Gesellschaftliche Rolle			Kundenbedürfnis: Relevanz und Größe
2 Kundensegmente	Kundengruppen		Massentauglichkeit					Grundsätzliches Modell und Partner
3 Wertversprechen	Das Angebot		Informationsbasierte Dienste und Plattformen		Produkte und Dienstleistungen			
4 Kundenbeziehungen	Beziehungen pro Kundensegment		Aufbau einer Fan-gemeinde	Wissenskultur, Verstädtung, Konnektivität, Individualisierung, Neo-Ökologie, Globalisierung, Geschlechterverschiebung, Gesundheit, Neue Arbeit, Mobilität, Alternde Gesellschaft, Sicherheit				
5 Vertriebskanäle	Vertriebskanäle	Minimallösung, Status quo, Mental Franchise, Transformatorische Innovation	Nutzung von Netzwerkexter-nalitäten		Vertrieb	Wertorientierte Organisation, Organisation der Spitzenleistungen, Wirkungsorientierte Organisation	Best Practice: Dokumente ersetzen Präsentationen	Skalierung
6 Schlüsselressourcen	Wichtigste Ressourcen		Dezentra-lisierung		Mitarbeiter			Governance: Zugang, Beteiligung, Engagement
7 Schlüsselaktivitäten	Schlüsselaktivitäten		Automatisierte und skalierbare Prozesse					Markteinführung
8 Wichtige Partner	Wichtigste Partner und Lieferanten		Ungewöhnliche Partnerschaften					
9 Kostenstruktur	Zentrale Kosten		Algorithmen im Kern		im Kern			Wertschöpfung
10 Einnahmeströme	Preis pro Wertversprechen		Informationsbasierte Dienste und Plattformen		Preis			

Abb. 4.5 Ecosystem

ihnen und die Verantwortlichkeiten der verschiedenen Akteure. Die Gestaltung muss sich an seinem zentralen Wertversprechen orientieren. Alle bekannten Beispiele für hybride Modelle begannen entweder als Transaktions-Ecosystem (Airbnb, Alibaba, LinkedIn) oder als Lösungs-Ecosystem (Apple iOS, Android) und fügten weitere Bereiche und Angebote erst hinzu, als sie fest etabliert waren. Das Wertekonzept ist die Grundlage für die Zuweisung von Rollen an die verschiedenen Akteure.

4.5.2 Governance

Governance ist eine wichtige Gestaltungsentscheidung, weil sie eine indirekte Form der Kontrolle schafft, die der Komplexität und Dynamik eines Ecosystems angemessen ist. Sie legt die Standards, Regeln und Prozesse fest, die die formelle oder informelle Verfassung eines Ecosystems bestimmen. Die Governance muss zwei Voraussetzungen für den Erfolg eines Ecosystems in Einklang bringen: Wertschöpfung (Regeln für die Zusammenarbeit zur gemeinsamen Wertschöpfung als Ecosystem) und Werteteilung (Regeln und Verfahren für die Aufteilung des Wertes unter den Akteuren des Ecosystems). Die wichtigste Governance-Frage für ein entstehendes Ecosystem ist der Grad der Offenheit.

4.5.3 Wertschöpfung

Wenn der grundlegende Aufbau des Business-Ecosystems definiert ist, besteht der nächste große Entwicklungsschritt darin, einen Weg zu finden, um die Vorteile in einen Wert für seine Teilnehmer umzusetzen. Die Monetarisierung ist eine der größten Herausforderungen für den Orchestrator des Ecosystems, der drei konkurrierende Ziele miteinander in Einklang bringen muss: Maximierung der Größe des Gesamtvolumens; Ermöglichung eines ausreichenden Gewinns für alle wichtigen Bereiche (Gruppen von Teilnehmern) des Ecosystems, um ihre fortlaufende Teilnahme zu gewährleisten; Erfassung des eigenen angemessenen Anteils am Wert. Um dies zu erreichen, muss der Orchestrator nicht nur das Wertangebot für den Kunden, sondern auch das Modell zur Wertaufteilung entwerfen, indem er das Wertangebot für jede Gruppe relevanter Interessengruppen definiert. Gleichzeitig muss er sicherstellen, dass er die kritischen Kontrollpunkte besitzt, wie den Zugang zum Kunden, Produkte mit vielen Schnittstellen oder kritische Dienste. In Lösungsökosystemen ist die Wertschöpfung in der Regel recht einfach, da die Lösung, die das Ecosystem schafft, als Produkt oder Dienstleistung verkauft werden kann. Der Orchestrator kann darüber hinaus Wert aus komplementären Produkten oder Dienstleistungen durch Zugangsgebühren, Lizenzgebühren, Umsatzbeteiligungen oder den Verkauf von Mehrwertprodukten oder -dienstleistungen an Komplementäre gewinnen. So nimmt Apple beispielsweise 30 % der Einnahmen für alle über seinen App Store verkauften Apps ein, und Nespresso nimmt eine Lizenzgebühr von Maschinenherstellern wie Krups, Breville und De'Longhi. Transaktions-Ecosysteme bieten viel mehr Optionen für die Erfassung von Werten. Der Orchestrator kann für den Zugang Gebühren erheben, beispielsweise eine allgemeine Zugangsgebühr zur Plattform, eine erhöhte Zugangsgebühr für Produzenten für gezieltere Nachrichten oder Interaktionen mit besonders wertvollen Nutzern, Premium-Zugangsgebühren für Verbraucher oder erhöhte Gebühren für Nutzer, die bereit sind, für garantierte Qualität zu zahlen.

4.5.4 Markteinführung

Viele Ecosysteme scheitern in der Startphase, weil sie das Henne-Ei-Problem der ausreichenden Beteiligung von Käufern und Verkäufern/Produzenten nicht lösen können. Sie erreichen nicht die kritische Masse, um Netzwerk- oder Skaleneffekte zu erzielen. Etwa die Hälfte aller Ecosysteme kommt nie in Gang. Trotz der überragenden Bedeutung von Netzwerkeffekten in vielen Unternehmensökosystemen werden die Vorteile eines Erstanbieters oft überschätzt. Es geht nicht darum, der Erste auf dem Markt zu sein, sondern der Erste mit einer kompletten Lösung.

Der Apple iPod war nicht der erste digitale Musikplayer, aber er war der erste, der eine umfassende Lösung anbot, indem er Hardware mit der Musikverwaltungssoftware iTunes kombinierte. Zweitens sollte die Größe des Netzwerks nicht anhand eitler Metriken wie der Anzahl der Mitglieder gemessen werden, sondern anhand der Anzahl der Interaktionen oder Transaktionen. Drittens geht es nicht nur um die Menge der Teilnehmer, sondern um die richtigen Teilnehmer (beispielsweise die attraktivsten Restaurants für eine Online-Buchungsplattform wie OpenTable) im richtigen Verhältnis (beispielsweise eine ausgewogene Anzahl von Fahrern und Mitfahrern für ein Ride-Hailing-Ecosystem wie Uber).

4.5.5 Skalierung

Im Gegensatz zu den meisten traditionellen Geschäftsmodellen haben viele Ecosysteme nicht nur das Potenzial für angebotsseitige Größenvorteile, sondern auch für nachfrageseitige Größenvorteile und die daraus resultierenden positiven Rückkopplungsschleifen. Dank der Skaleneffekte auf der Nachfrageseite können viele Ecosysteme schnell wachsen und (zumindest für eine gewisse Zeit) die zumindest eines „winner-takes-most" aufweisen. Viele Ecosysteme sind gescheitert, weil sie das Problem der Skalierbarkeit nicht gelöst haben. Skalenvorteile auf der Nachfrageseite machen die Netze für die Nutzer attraktiver, je mehr Nutzer sich an dem Ecosystem beteiligen. Traditionellere marktbildende Instrumente, wie eine starke Marke, können diese Netzwerkeffekte verstärken. Skaleneffekte auf der Nachfrageseite sind bei Ecosystemen mit globalen Geschäftsmodellen (Reisebuchungsplattformen) größer als bei multilokalen Ecosystemen (Lebensmittellieferplattformen), wo die Netzwerkeffekte auf kleine lokale Cluster beschränkt sind. Darüber hinaus kann ein Ecosystem durch das Wachstum des Netzwerks negative Netzwerkeffekte und eine sinkende Qualität erfahren, wenn es beispielsweise immer schwieriger wird, in einem wachsenden Transaktionsökosystem die beste Übereinstimmung zu finden. Solche negativen Netzwerkeffekte können durch eine wirksame (und skalierbare) Kuratierung mithilfe von Daten, Algorithmen und sozialen Feedback-Mechanismen begrenzt werden. Skalenvorteile auf der Angebotsseite können auf sinkenden fixen oder variablen Kosten beruhen. Sie sind in vielen digitalen Ecosystemen besonders stark ausgeprägt, die sich häufig durch anlagenarme Geschäftsmodelle auszeichnen (Airbnb hat eine dominante Position auf dem Hotelmarkt erreicht, ohne ein einziges Hotel zu besitzen), durch Grenzkosten von Null bis Null (kein nennenswerter Aufwand für die Bedienung eines zusätzlichen Kunden auf dem Amazon Marketplace) und durch Datennutzung (effektiveres Matching von Fahrern und Fahrern auf einer wachsenden Ride-Hailing-Plattform).

4.6 Stakeholder Management und Kommunikation

Glaubt man Marc Benioff, dann sind nicht Politiker wie Merkel und Macron die Problemlöser der Welt, sondern Wirtschaftsführer wie er selbst. CEOs sind die wahren Helden des Jahres 2020, sagte der Gründer des Softwareunternehmens Salesforce Anfang 2021 in Davos. Die Unternehmen hätten schnell auf die Covid-19-Krise reagiert – nicht für ihren Profit, sondern um die Welt zu retten. Benioff gehört damit zu den Wirtschaftsführern, die sich für den sogenannten Stakeholder-Kapitalismus einsetzen: Unternehmen sollen so geführt werden, dass sie dem Wohl alle Stakeholder dienen – Kunden, Mitarbeitern und vor allem der Gemeinschaft. Dies ist eine Abkehr von der Shareholder-Value-Doktrin, die der US-amerikanische Wirtschaftswissenschaftler Milton Friedman in den 1970er Jahren vertrat. Friedman sagte, dass es für Unternehmen nur eine einzige soziale Verantwortung gibt, nämlich die, die Ressourcen zur Gewinnsteigerung einzusetzen. Es überrascht nicht, dass Manager und Investoren jahrzehntelang bereitwillig Friedmans Dogma folgten. Doch jetzt sei eine Kehrtwende nötig, meint Klaus Schwab, der 1971 den Vorläufer des heutigen WEF ins Leben rief. Er ruft zu einem großen Reset auf. Darunter versteht Schwab eine rasche gemeinsame Anstrengung der Welt, um alle Aspekte unserer Gesellschaft und Wirtschaft zu überdenken. Jedes Land und jede Branche, von den USA bis China, muss sich dieser Erneuerung unterziehen. Die Covid-19-Krise hat deutlich gemacht, dass unsere alten Systeme nicht mehr in das 21. Jahrhundert passen. In diesem neuen Kontext müssen Unternehmen auch ihre Kommunikation überdenken – und dabei ist die Liste der Stakeholder lang. Außerdem besteht die Gefahr, dass diese Kommunikation als Lippenbekenntnis wahrgenommen wird. Unternehmen müssen sehr laut zu sein, aber trotzdem viel bescheidener. Drei klare Prinzipien von der Relativierung der eigenen Position über den offenen Umgang mit Misserfolgen bis hin zu der Erläuterung des eigenen Geschäftsmodells können bei Kunden, Mitarbeiter, Wettbewerber, Gewerkschaften und Regierungsstellen angewandt werden. Abb. 4.6.

Relativierung der eigenen Position
Relativieren Sie die eigene Position im Markt, insbesondere, wenn Sie Marktführer sind oder eine bedeutende Stellung innehaben. Die Marktführerschaft gibt den Kunden ein höheres Maß an Vertrauen und Sicherheit. Aber sie kann auch eine große Belastung sein,

Phase / Dimension	Business Model Elemente	Radikale Kundenfokussierung	Exponentielles Wachstum durch Technologie	Mega Trends	Wirtschaftsethik	Der kohärente Unternehmenszweck	Kundenbedürfnisse Erfassen	Das Unternehmen im Ecosystem	The Underselling Pitch
Führung von Morgen									
1 Unternehmensstrategie	Vision, Mission und Ziele		Relevanz des Problems		Gesellschaftliche Rolle			Kundenbedürfnis: Relevanz und Größe	
2 Kundensegmente	Kundengruppen		Massentauglichkeit						
3 Wertversprechen	Das Angebot		Informationsbasierte Dienste und Plattformen		Produkte und Dienstleistungen			Grundsätzliches Modell und Partner	
4 Kundenbeziehungen	Beziehungen pro Kundensegment	Minimallösung, Status quo, Mental Franchise, Transformatorische Innovation	Aufbau einer Fan-gemeinde	Wissenskultur, Verständige, Konnektivität, Individualisierung, Neo-Ökologie, Globalisierung, Geschlechterverschiebung, Gesundheit, Neue Arbeit, Mobilität, Alternde Gesellschaft, Sicherheit		Wertorientierte Organisation, Organisation der Spitzenleistungen, Wirkungsorientierte Organisation	Best Practice: Dokumente ersetzen Präsentationen		Best Practice: Relativieren Sie die eigene Position auf dem Markt. Beginnen Sie mit einem Misserfolg. Erläutern Sie transparent das Geschäftsmodell
5 Vertriebskanäle	Vertriebskanäle		Nutzung von Netzwerk-externalitäten		Vertrieb			Skalierung	
6 Schlüsselressourcen	Wichtigste Ressourcen		Dezentralisierung		Mitarbeiter			Governance: Zugang, Beteiligung, Engagement	
7 Schlüsselaktivitäten	Schlüsselaktivitäten		Automatisierte und skalierbare Prozesse					Markteinführung	
8 Wichtige Partner	Wichtigste Partner und Lieferanten		Ungewöhnliche Partnerschaften						
9 Kostenstruktur	Zentrale Kosten		Algorithmen im Kern					Wertschöpfung	
10 Einnahmeströme	Preis pro Wertversprechen		Informationsbasierte Dienste und Plattformen		Preis				

Abb. 4.6 Stakeholder

da sie die Erwartungen der Stakeholder steigert. Denken Sie an die Algorithmen von Google: Sie würden wahrscheinlich glauben, dass dieses Unternehmen fast jedes Problem lösen kann, das sich mathematisch beschreiben lässt. Das ist bei weitem nicht der Fall – denn jede Kundenlösung erfordert Aufwand und einen Business Case, der mit allen anderen Investitionen des Unternehmens konkurriert. Kunden neigen dazu, zu vergessen, dass ihr Problem zwar für sie und sogar für eine größere Gruppe von Menschen relevant ist – aber nicht

so relevant wie andere Themen. Wenn man den Sprach-
assistenten von Google mit dem von Amazon vergleicht,
erkennt man deutliche Unterschiede. Doch keiner dieser
Algorithmen ist für Nischendialekte wie Schweizer-
deutsch optimiert. Westliche Firmen, die in China
investieren, kämpfen damit, Mandarin in ihre Lösungen
zu implementieren, während sich 71 Mio. Kantonesen
fragen, warum der Westen ihre Sprache nicht unterstützt (angesichts der Wirtschaftskraft des Perlflussdeltas
ist das wahrscheinlich eine berechtigte Frage). Dazu
kommt: Nicht jedes Problem, das gelöst werden kann,
muss auch in Angriff genommen werden. Und selbst
Probleme, die angegangen werden sollten, werden nicht
gelöst, wenn es nicht profitabel ist. In diesem Sinne ist
die Kaufkraft der deutschsprachigen Bevölkerung in der
Schweiz im Vergleich zu anderen Gelegenheiten auf der
Welt nicht groß genug. Führungskräfte sollten diese Ein-
schränkungen deutlich artikulieren und sie als Beispiel für
Investitionsentscheidungen heranziehen (und erklären,
warum ihr Unternehmen möglicherweise nicht jeden
Kunden zufrieden stellen kann).

Misserfolge zelebrieren

Beginnen Sie mit einem Misserfolg und sprechen Sie über
die Fähigkeiten, in denen das Unternehmen nicht gut ist.
Eines der stärksten Verkaufsargumente ist eine Geschichte
des Scheiterns. Außenstehende kennen vielleicht nur
populäre Beispiele, aber im Allgemeinen gibt es mehr
Misserfolge als Erfolge, vor allem in Unternehmen, die
viel experimentieren. Erinnert sich noch jemand an das
Fire Phone von Amazon? Es wurde von Foxconn hergestellt und von Mitte 2014 bis Mitte 2015 verkauft. Die
Einstellung erfolgte aufgrund fehlender Nachfrage – das
Telefon war schlicht weg nicht gut genug im Wettbewerb.

Amazon nutzte die Ingenieure später für die Entwicklung von Hardware für die Alexa-Lautsprecher.

Das transparente Geschäftsmodell
Erläutern Sie transparent das Geschäftsmodell im größeren Zusammenhang. Gerade Führungskräfte wollen verstehen, wie ihre Geschäftspartner Geld und Gewinn machen. Dazu gehört auch, dass sie offen über das Geschäftsmodell, die Einnahmequellen und die grundlegenden Einflussfaktoren sprechen. Um den Wert einer Zusammenarbeit über den reinen Produktverkauf hinaus zu bestimmen, müssen Führungskräfte versuchen, ihren Partnern ein vollständiges Bild ihres Geschäftsmodells zu vermitteln. Besonders in Ecosystemen sind das Governance-Modell und die (indirekten) Einnahmequellen nicht immer klar. Mit dieser Transparenz können die Geschäftspartner ihr Angebot bestmöglich anpassen und optimieren, um den gegenseitigen Nutzen zu maximieren.

4.7 Radikale Mitarbeiter-Orientierung

Erfolgreiche Unternehmen wissen, dass ihre Mitarbeiter ihr wichtigstes Kapital sind. Die Kunden mögen der Grund dafür sein, dass die Lichter nicht ausgehen, aber diese Kunden gäbe es nicht ohne die harte Arbeit und das Engagement der Mitarbeiter. Aus diesem Grund sollten Arbeitgeber aktiv in ihre Mitarbeiter investieren und unternehmerisches Handeln direkt bei ihnen verankern.

4.7.1 Mitarbeiter als Kunden

So wie Unternehmen die Zufriedenheit, Loyalität und Weiterempfehlung ihrer Kunden schätzen, sollten Arbeitgeber dasselbe für ihre Mitarbeiter tun. Investieren Sie in Ihre Mitarbeiter, und sie werden in Ihr Unternehmen investieren. Wie der Erfolg der Kunden sollte auch der Erfolg der Mitarbeiter ein ganzheitliches Erlebnis für die Mitarbeiter sein – von der Einstellung bis hin zu all den großartigen Erfahrungen, die sie mit dem Unternehmen teilen. Um ein erstklassiges Mitarbeitererlebnis zu schaffen, das Talente anzieht und bindet, müssen Führungskräfte die Aktivitäten mit dem klassischen Lebenszyklus eines Arbeitsverhältnisses verknüpfen. Wenn es darum geht, den nächsten Rockstar-Mitarbeiter für das Unternehmen zu finden, sollte man die Unternehmenskultur als das Produkt betrachten. Wie können Unternehmen Arbeitssuchende dazu bringen, das zu kaufen, was sie verkaufen? Vermarkten Sie den Arbeitsplatz bei den Arbeitssuchenden genauso, wie das Unternehmen sein Produkt bei den Verbrauchern vermarktet. Eine Möglichkeit, dies zu tun, besteht darin, so viel Transparenz wie möglich zu zeigen. Vermitteln Sie Stellensuchenden eine bessere Vorstellung davon, wie es ist, im Unternehmen zu arbeiten. Nehmen Sie zum Beispiel das Cloud-Computing-Unternehmen Rackspace. Auf der Karriereseite des Unternehmens gibt es eine Reihe von „Culture in Motion" -Videos, die Arbeitssuchenden einen Einblick in das Leben eines „Racker" geben. Die Seite enthält auch informative Beiträge, die von Mitarbeitern des Unternehmens verfasst wurden. Soziale Medien sind auch eine hervorragende Plattform für die Vermarktung der Arbeitgebermarke. So wie Unternehmen sich bemühen, ihre Kunden über soziale Medien einzubinden und auf dem Laufenden zu halten, sollten Arbeitgeber dasselbe mit potenziellen Bewerbern tun. Das Posten von Fotos vom letzten Betriebsausflug, das Hervorheben von Mitarbeiterzeugnissen und das Beantworten von Fragen und Anliegen sind alles einfache Möglichkeiten, um Top-Talente anzuziehen und zu binden.

4.7.2 Mitarbeiter weiter entwickeln

Der Entwicklungsprozess sollte mit dem ersten Tag eines Mitarbeiters beginnen und sich über die gesamte Dauer seiner Zugehörigkeit zum Unternehmen erstrecken. Es beginnt mit dem onboarding. Viele Unternehmen haben eintägige „Orientierungs- und Einarbeitungsveranstaltungen" etabliert, obwohl etliche Studien darauf verweisen, dass Unternehmen mit kürzeren Onboarding-Programmen (d. h. weniger als einem Monat) ihre Mitarbeiter im ersten Jahr mit einer fast 10 % geringeren Wahrscheinlichkeit behalten. Der Erfolg des Unternehmens und der Kunden beginnt mit dem Erfolg der Mitarbeiter, also geben Sie ihnen die Instrumente an die Hand, die sie für ihre berufliche Entwicklung benötigen. Auch nach der Einarbeitung geht es weiter: Versuchen Sie stattdessen herauszufinden, in welchen Bereichen sich die einzelnen Mitarbeiter verbessern möchten, und geben Sie ihnen die Möglichkeit, dies zu tun, beispielsweise durch Investitionen in Schulungsprogramme, die Einladung von Branchenführern zum Mittagessen und Lernen und die Freistellung von Mitarbeitern zur Teilnahme an Weiterbildungsveranstaltungen.

4.7.3 Feedback von Mitarbeitern ernst nehmen

Wenn es um das Feedback von Kunden geht, reagieren Unternehmen schnell, indem sie die potenziellen Auswirkungen dieses Feedbacks berücksichtigen und darauf eingehen, um zu verhindern, dass Kunden das Unternehmen verlassen. Arbeitgeber müssen das Feedback ihrer Mitarbeiter in ähnlicher Weise wertschätzen. Das Feedback der Mitarbeiter ist der Schlüssel zur Schaffung und Aufrechterhaltung einer positiven Erfahrung für neue Mitarbeiter und bestehende Mitarbeiter. Um den Verlust von Mitarbeitern zu vermeiden, sollten Sie darauf achten, was sie dazu veranlasst, überhaupt zu gehen. So wie Unternehmer Kundenrezensionen nutzen, um ihr Produkt zu verbessern, sollten sich Arbeitgeber auf regelmäßige Leistungsbeurteilungen und Mitarbeitergespräche stützen, um herauszufinden, wie sie die Erfahrungen ihrer Mitarbeiter verbessern können. Ziehen Sie in Erwägung, sich mit den Mitarbeitern in einem zwanglosen, persönlichen Rahmen zu treffen, um sowohl die Leistung des Mitarbeiters als auch des Vorgesetzten, verbesserungswürdige Bereiche und mögliche Lösungen zu besprechen. Verabschieden Sie Mitarbeiter, die das Unternehmen verlassen wollen (was durchaus vorkommt), mit einer guten Nachricht. Führen Sie ein Austrittsgespräch, um herauszufinden, warum der Mitarbeiter geht und was getan werden kann, um zu verhindern, dass andere diesem Beispiel folgen. Abb. 4.7.

4.7.4 Mitarbeiterkommunikation und -Zusammenhalt

Ziel ist es, Unternehmensvision und die Ziele zu vermitteln, alle Mitarbeiter über die Geschäftsprozesse und -verfahren zu informieren und einen Team- und Gruppengeist aufzubauen und zu erhalten. Mitarbeiter sind zunehmend mit schnellen Anpassungen konfrontiert, die sowohl durch pandemiebedingte Gründe als auch durch neue geschäftliche Erfordernisse – von Umstrukturierungen bis hin zu weiterem Personalabbau oder Stellenstreichungen. Solche Zeiten bieten Führungskräften einen hervorragenden Grund, die Beziehungen zu Mitarbeitern zu intensivieren und

Führung von Morgen

Phase	Dimension	Business Model Elemente	Radikale Kundenfokussierung	Exponentielles Wachstum durch Technologie	Mega Trends	Wirtschaftsethik	Der kohärente Unternehmenszweck	Kundenbedürfnisse Erfassen	Das Unternehmen im Ecosystem	The Underselling Pitch	Radikale Mitarbeiter-Orientierung
1	Unternehmensstrategie	Vision, Mission und Ziele		Relevanz des Problems		Gesellschaftliche Rolle			Kundenbedürfnis: Relevanz undGröße		
2	Kundensegmente	Kundengruppen		Massentauglichkeit							
3	Wertversprechen	Das Angebot		Informationsbasierte Dienste und Plattformen		Produkte und Dienstleistungen			Grundsätzliches Modell und Partner		
4	Kundenbeziehungen	Beziehungen pro Kundensegment		Aufbau einer Fan-gemeinde	Minimalisierung, Status quo, Mental Franchise, Transformatorische Innovation / Wissenskultur, Versüßung, Konnektivität, Individualisierung, Neo-Ökologie, Globalisierung, Geschlechterverschiebung, Gesundheit, Neue Arbeit, Mobilität, Alternde Gesellschaft, Sicherheit					Best Practice: Relativieren Sie die eigene Position auf dem Markt, Beginnen Sie mit einem Misserfolg, Erklären Sie transparent das Geschäftsmodell	Best Practice: Das Wohlbefinden des Mitarbeiter im Fokus, Kontinuierliche Verbesserung der Kultur, Sinn erlebbar machen, Ziele schaffen, Ermutigen Sie zu Positivität, Fördern Sie soziale Beziehungen, Zuhören
5	Vertriebskanäle	Vertriebskanäle		Nutzung von Netzwerkexter-nalitäten		Vertrieb	Wertorientierte Organisation, Organisation der Spitzenleistungen, Wirkungsorientierte Organisation	Best Practice: Dokumente ersetzen Präsentationen	Skalierung		
6	Schlüsselressourcen	Wichtigste Ressourcen		Dezentralisierung		Mitarbeiter			Governance: Zugang, Beteiligung, Engagement		
7	Schlüsselaktivitäten	Schlüsselaktivitäten		Automatisierte und skalierbare Prozesse					Markteinführung		
8	Wichtige Partner	Wichtigste Partner und Lieferanten		Ungewöhnliche Partnerschaften							
9	Kostenstruktur	Zentrale Kosten		Algorithmen im Kern					Wertschöpfung		
10	Einnahmeströme	Preis pro Wertversprechen		Informationsbasierte Dienste und Plattformen		Preis					

Abb. 4.7 Mitarbeiterorientierung

die Kommunikation zu verbessern. Das Erkennen und Ansprechen der zentralen menschlichen Emotionen wie Trauer, Verlust und Angst am Arbeitsplatz ist eine Chance, das Stigma der psychischen und emotionalen Gesundheit als Tabuthema am Arbeitsplatz zu überwinden. Eine klare Kommunikation ist von zentraler Bedeutung, der verunsicherten Belegschaft den Glauben an die Zukunft vermitteln. Für viele Menschen in der westlichen Welt war der Arbeitgeber lange Zeit ein Ort relativer Stabilität in einer Zeit chronischer Unsicherheit.

Rituale schaffen ein Gefühl von Vertrautheit und Sicherheit. Sie helfen uns, Ängste zu bewältigen und freudige Ereignisse wie beispielsweise Firmenjubiläen zu feiern. Menschen greifen gerne auf Rituale zurück, weil die ihnen zugrunde liegenden psychologischen Prozesse nachweislich eine stressreduzierende Wirkung haben. Neue Rituale den Mitarbeitern helfen, die Transformation zu verarbeiten. Obwohl das tatsächliche Datum der neuen Organisation in vielerlei Hinsicht willkürlich ist – wie bei einer Hochzeit -, aber es ist dennoch wichtig, ein Datum festzulegen. Dies ist der Zeitpunkt, an dem die sozialen Bande erneuert werden, die die Organisation zusammenhalten. Folgende praktische Empfehlungen haben sich bewährt:

Willkommens-Kit: Unterstützung der Mitarbeiter bei der Bewältigung des neuen Alltags. Dies könnte sowohl Ausrüstung als auch Verkehrsregeln für Meetings, die Benutzung von Aufzügen usw. umfassen.

Wöchentliche Teambesprechungen: 30–60 min mit dem Schwerpunkt auf geschäftlichen Aktualisierungen, Austausch und Abstimmung.

Monatliche Teamtage: 3–6 h, die der Vertiefung des Geschäfts, dem Wissensaustausch und dem Lernen gewidmet sind. Es ist eine Gelegenheit, alle zusammen zu bringen, die etwas in einer sehr konzentrierten Weise arbeiten. Es können Breakouts für Unterteams organisiert werden.

Formelle und informelle Chat-Gruppen: Formelle Gruppen können auf Microsoft Teams, Slack oder einem anderen Kommunikationstool eingerichtet werden und sollten auf verschiedenen Granularitätsebenen stattfinden. Eine angemessene Interaktion erfordert Gruppen, die nicht größer als 20 Personen sind. Alle größeren Gruppen dienen eher der Verbreitung von Nachrichten als der Diskussion. Je nach Unternehmenskultur können zusätzliche informelle Gruppen auf WhatsApp, Signal oder einem anderen Messaging-Dienst eingerichtet werden. Dies sollte inklusiv und optional sein – vorzugsweise auf Firmenhandys, damit die Mitarbeiter jederzeit während des Urlaubs oder am Abend aussteigen können.

360-Grad-Feedback: Regelmäßige Besprechungen mit dem Vorgesetzten oder dem Projektleiter sollten nach einer klaren Agenda stattfinden: Allgemeiner Status, Leistung des Mitarbeiters, Feedback des Vorgesetzten, Probleme zur Eskalation.

Wissensdokumentation: Es ist wichtig, dass die Mitarbeiter wissen, wo sie eine Sammlung von Standardarbeitsanweisungen und bewährten Verfahren finden können. Die üblichen Probleme, die seit Jahren bekannt sind, sind: wo man sie speichert und wie man sie auf dem neuesten Stand hält (und von wem). Es ist ratsam, eine Mischung aus formellen Dokumenten mit einem eindeutigen Eigentümer und informellen, gruppenbasierten Chat-Repositorien zu verwenden, wie sie Microsoft Teams oder Slack anbieten.

Für alle Besprechungen müssen an verschiedenen Standorten Meeting-Räume reserviert und Videokonferenzen eingerichtet werden, um ein integratives Umfeld für Mitarbeiter zu schaffen, die von zu Hause arbeiten. Bei kleineren Gruppen ist es ratsam, alle Teilnehmer zu ermutigen, per Video teilzunehmen. Bei Gruppen mit mehr als 10 Teilnehmern sollten der Organisator der Sitzung das Video aktiviert haben. Zusätzlich schaltet jeder seine Kamera ein, wenn er spricht.

In dem Bemühen, globale Talente anzuziehen, zu halten und weiterzuentwickeln und eine sehr vielfältige Belegschaft zu erhalten, müssen neue Formen der Work-Life-Balance für jede Führungskraft an erster Stelle stehen. Die Mitarbeiter möchten vielleicht teilweise von ihrem Heimatort aus arbeiten. Bei Neueinsteigern sorgt ein geeigneter Einarbeitungsplan für einen Rahmen für die ersten 90 Tage, der Aufgaben (Inputs) und Ziele (Outputs), zu prüfende Dokumente und Ansprechpartner nach Funktionen enthält. Ein Mentor sorgt dafür, dass die Mitarbeiter über die versteckten Regeln, die Unternehmens- und Teamkultur und die besten Praktiken Bescheid wissen.

4.7.5 Kontinuierliches 360 Grad Feedback

Ein 360-Grad-Feedback (auch bekannt als Multi-Rater-Feedback, Multi-Source-Feedback oder Multi-Source-Assessment) ist ein Prozess, bei dem Feedback von Untergebenen, Kollegen und Vorgesetzten eines Mitarbeiters sowie eine Selbsteinschätzung des Mitarbeiters selbst eingeholt wird. Ein solches Feedback kann gegebenenfalls auch Rückmeldungen von externen Quellen umfassen, die mit dem Mitarbeiter interagieren, wie beispielsweise Kunden und Lieferanten oder andere interessierte Interessengruppen. Das 360-Grad-Feedback heißt so, weil es das Verhalten eines Mitarbeiters aus verschiedenen Blickwinkeln (Untergebene, Mitarbeiter und Vorgesetzte) beurteilt. Es steht daher im Gegensatz zum „Abwärts-Feedback" (traditionelles Feedback zu Arbeitsverhalten und Leistung, das nur von Vorgesetzten oder Führungskräften an Untergebene gegeben wird; siehe traditionelle Leistungsbeurteilung) oder zum „Aufwärts-Feedback", das nur von Untergebenen an Vorgesetzte oder Führungskräfte gegeben wird. Unternehmen haben das 360-Grad-Feedback in der Regel zu Entwicklungszwecken eingesetzt, indem sie es ihren Mitarbeitern zur Verfügung stellten, um sie bei der Entwicklung ihrer beruflichen Fähigkeiten und Verhaltensweisen zu unterstützen. Zunehmend wird das 360-Grad-Feedback jedoch auch für Leistungsbeurteilungen und Beschäftigungsentscheidungen (beispielsweise Vergütung, Beförderung) eingesetzt. Es gibt eine ungenutzte Möglichkeit, 360-Grad-Feedback als wöchentliches oder monatliches Verfahren zu nutzen, um die Abstimmung zwischen Mitarbeiter und Manager über den Leistungsmanagementprozess hinaus zu fördern.

Anfang 2019 machte Nike Schlagzeilen mit der unternehmensweiten Einführung von Connections, einem täglichen Q&A-Feedback-Programm, das von den Mitarbeitern mit einiger Skepsis aufgenommen wird. Die Nachricht über die Einführung einer Mitarbeiter-Feedback-Software war bittersüß. Die Einführung des Feedback-Systems soll es Mitarbeitern ermöglichen, vertraulich Bedenken am Arbeitsplatz zu melden. Unabhängig davon, ob Sie versuchen, eine negative Kultur der Belästigung zu beseitigen, die Produktivität zu verbessern oder aus einer Vielzahl anderer Gründe mit Ihren Mitarbeitern zu kommunizieren, gibt es einige Überlegungen, die Sie anstellen sollten:

Alles beginnt mit dem Aufbau einer Feedback-Kultur durch die Entwicklung einer umfassenden Mitarbeiter-Feedback-Strategie. Um wirksam zu sein, muss diese Strategie Teil eines Gesamtprozesses sein und dazu dienen, die Leistung der Mitarbeiter zeitnah zu verbessern. Eine erfolgreiche Mitarbeiter-Feedback-Strategie konzentriert sich auf alle Aspekte der Teamerfahrung, vom Lernen und der Entwicklung der Mitarbeiter bis zur Effektivität des Managements. Eine entscheidende Komponente ist die menschliche Komponente – anonyme Rückmeldungen sollten die wichtigen persönlichen Gespräche zwischen den Menschen in Ihrem Unternehmen, insbesondere zwischen Führungskräften und Mitarbeitern, nicht ersetzen. Das Feedback der Mitarbeiter muss daher häufiger und informeller erfolgen. Der erste Schritt ist der Aufbau eines Vertrauensverhältnisses, denn wenn sich die Mitarbeiter nicht sicher fühlen und nicht wirklich unterstützt werden, werden sie das Feedback der Führungskräfte nicht annehmen können. Eine Möglichkeit, dieses Gefühl der Sicherheit zu schaffen, besteht darin, dass jeder im Unternehmen ausnahmslos Feedback gibt und erhält.

Literatur

Adaptiert nach Moriarty. (2021). mit freundlicher Genehmigung von © Stanford Encyclopedia of Philosophy 2021.

Adaptiert nach Pidun et al. How to „design" an Ecoystem. (2020). Mit freundlicher Genehmigung von © BCG Henderson Institute 2020.

Aus Master Plan Part Deux, Musk. (2016). https://www.tesla.com/de_DE/blog/master-plan-part-deux.

Aus Megatrend Dokumentation. (2021). mit freundlicher Genehmigung von © Zukunftsinstitut GmbH 2021.

Wikipedia. (o. J.). Wirtschaftsethik. https://de.wikipedia.org/wiki/Wirtschaftsethik. Zugegriffen: 31.Dez. 2021.

5

Das Modell zur Führung von Morgen

Zusammenfassung Die gewonnenen Erkenntnisse werden mit klaren Instrumenten und Prozessen umgesetzt. Die 10 Phasen von der Strategie bis zu den Umsatzströmen und die 10 Dimensionen vom Geschäftsmodell bis zur radikalen Mitarbeiter-Orientierung bilden das Modell zur Führung von Morgen. Führungskräfte können sich an diesem Modell orientieren, um ihren Wandel zu lenken und dem Unternehmen zu helfen, im digitalen Polypol erfolgreich zu sein. Neben der Priorität jeder Phase geht es vor allem um die Frage, wann es Zeit ist, zur nächsten Phase überzugehen, ob pivotiert werden muss, wie viele Iterationen des gesamten Modells erforderlich sind und wie wir Erfolg definieren. Darüber hinaus wird ein 90-Tage-Plan vorgestellt, und es gibt konkrete Empfehlungen für die Zusammenarbeit mit Kollegen, Unternehmensvertretern und Freunden sowie Ressourcen für die Inanspruchnahme professioneller Dienstleistungen.

© Springer Fachmedien Wiesbaden GmbH, ein Teil von Springer Nature 2022
B. Schemmel, *Führung von Morgen*, Fit for Future,
https://doi.org/10.1007/978-3-658-39163-8_5

Wir definieren Erfolg als das Erreichen der Ziele des Transformationsprojekts. Während die tatsächliche Vision für jedes Unternehmen und jedes Projekt unterschiedlich ist, gibt es drei Hauptmessgrößen für den Erfolg. Fortschritt, Iterationen und Ergebnisse sind die wichtigsten Messgrößen für Führungskräfte, um festzustellen, wo sie mit ihrer Transformation stehen. Diese basieren auf einer Priorität für die zuvor diskutierten 10 Phasen von der Strategie bis zu den Umsatzströmen und haben sich in zahlreichen Kundenprojekten bewährt. Zusammen mit dem Fortschritts-KPI bestimmt die Priorität den Fokus, den eine Führungskraft auf eine bestimmte Phase legen muss – aus Sicht des Aufwands und der Vollständigkeit. In einem ersten Schritt müssen die Führungskräfte die Priorität validieren und einen Wert ihrer Wahl zuweisen – basierend auf der strategischen Relevanz gegenüber der taktischen Umsetzung.

Während das Modell die Verfolgung des Fortschritts in jeder Phase ermöglicht, dient es auch als Zielvorgabe für die nächste Iteration der Transformation. Ziel jeder Iteration ist es, die Leistung der gesamten Transformation zu verbessern, indem neue Kundenerkenntnisse genutzt werden. Abb. 5.1.

5.1 KPI 1: Der Fortschritt

Fortschritt ist die Antwort auf die berühmte 80 %-Frage der 80/20-Regel: Zu welchem Zeitpunkt in jeder Phase ist meine Organisation bereit, weiterzumachen. Wie „perfekt" muss ich jede Phase gestalten – von der Festlegung der Unternehmensstrategie bis hin zur Klarheit über die Einnahmeströme. Während im Allgemeinen Geschwindigkeit wichtiger ist als Genauigkeit, gibt es Unternehmensfunktionen, die zu 100 % solide sein

Phase \ Dimension	Business Model Elemente	Radiale Kundenfokussierung	Exponentielles Wachstum durch Technologie	Mega Trends	Wirtschaftlichkeit	Der kohärente Unternehmensnetzwerk	Kundenbedürfnisse Erfassen	Das Unternehmen im Ecosystem	The Unexpiring Pitch	Radiale Mitarbeiter-Orientierung	Prio	KPI 1: Fortschritt
1 Unternehmens-strategie	Vision, Mission und Ziele		Relevanz des Problems		Gesell-schaftliche Rolle		Kunden-bedürfnis: Relevanz und Größe				20.00%	83.50%
2 Kunden-segmente	Kunden-gruppen		Massen-tauglichkeit								15.00%	100.00%
3 Wert-versprechen	Das Angebot		Informations-basierte Dienste und Plattformen		Produkte und Dienst-leistungen			Grundsätz-liches Modell und Partner			10.00%	87.20%
4 Kunden-beziehungen	Beziehungen pro Kunden-segment		Aufbau einer Fan-gemeinde								7.00%	100.00%
5 Vertriebs-kanäle	Vertriebs-Kanäle		Nutzung von Netzwerk-externalitäten		Vertrieb			Skalierung			6.00%	58.30%
6 Schlüssel-ressourcen	Wichtigste Ressourcen		Dezentra-lisierung		Mitarbeiter			Governance: Zugang, Beteiligung, Engagement			10.00%	72.00%
7 Schlüssel-aktivitäten	Schlüssel-aktivitäten		Automatisierte und skalierbare Prozesse					Markt-einführung			10.00%	79.00%
8 Wichtige Partner	Wichtigste Partner und Lieferanten		Ungewöhn-liche Partner-schaften								10.00%	69.50%
9 Kosten-struktur	Zentrale Kosten		Algorithmen im Kern								5.00%	58.3%
10 Einnahme-ströme	Preis pro Wert-versprechen		Informations-basierte Dienste und Plattformen		Preis			Wert-schöpfung			7.00%	58.3%

Spanning vertical text (Spalten, Phasen 4–8):
- *Minimallösung, Status quo, Mental Franchise, Transformatorische Innovation*
- *Wissenskultur, Verständung, Konnektivität, Individualisierung, Neo-Ökologie, Globalisierung, Geschlechterverschiebung, Gesundheit, Neue Arbeit, Mobilität, Alternde Gesellschaft, Sicherheit*
- *Wertorientierte Organisation, Organisation der Spitzenleistungen, Wirkungsorientierte Organisation*
- *Best Practice: Dokumente erzielten Präsentationen*
- *Best Practice: Relativ sehen Sie die eigene Position auf dem Markt, Beginnen Sie mit einem Misserfolg, Erfüllen Sie transparent das Geschäftsmodell*
- *Best Practice: Das Wohlbefinden der Mitarbeiter im Fokus, Kontinuierliche Verbesserung der Kultur, Sinn, erleichbar machen,*
- *Ziele schaffen, Ermutigen Sie zu Produktivität, Fördern Sie soziale Beziehungen, Zufahren*

KPI 2	Kriterien für die nächste Iteration	(a)	25 Qualifizierte Kundenfeedbacks
		(b)	5 Pilotkunden erfolgreich (manuell)
		(c)	Vollständiger Durchlauf aller Phasen
KPI 3	Ergebnisse	(a)	Kundenzufriedenheit, gemessen vom positiven VOC- und Net-Promotor-Score (NPS)
		(b)	Return on Investment (ROI), die die gesamten Kosten der Transformation berücksichtigt Profitieren

Abb. 5.1   KPIs

müssen (Kundensegmente und -beziehungen), da sie die Grundlage für alles andere bilden. Sie haben sogar Vorrang vor der Unternehmensstrategie (63,5 %), den Vertriebs-kanälen (58,3 %) und der Kostenstruktur (58,3 %), da sie als Ergebnisse angesehen werden können. Die folgenden Bänder haben sich in der Praxis bewährt:

91–100 %: Die Phase ist optimiert, wobei der Schwerpunkt auf Prozessverbesserungen liegt.
71–90 %: Die Phase wird quantitativ gesteuert (gemessen und kontrolliert).
51–70 %: Die Phase ist definiert und proaktiv.
50 und darunter: Die Phase ist gesteuert und reaktiv, manchmal unvorhersehbar.

Auf der Grundlage unserer Untersuchungen schlagen wir einen definierten Reifegrad vor, um die nächste Iteration des gesamten Modells zu initiieren.

5.2   KPI 2: Die Iterationen

Jedes Modell wird besser, je mehr Iterationen wir durchführen. Je mehr Iterationen, desto weniger Fortschritte müssen wir in jeder Phase erzielen. Iterationen sind an Kundenfeedback gebunden – dies kann auf Basis von Mock-ups, Piloten, MVPs oder einer tatsächlichen Produktfreigabe erfolgen. Eine erfolgreiche erste Iteration erfordert mindestens 25 Rückmeldungen von Kunden, idealerweise von 3 großen, 7 mittelgroßen und 15 kleinen Kunden. In der zweiten Iteration verlangen wir die erfolgreiche Durchführung von 5 manuellen Kundenpiloten, und in der dritten Iteration führen wir eine 100 %ige Überprüfung der Prioritäten und Fortschritte durch. Nach der 3. Iteration überprüfen wir unsere geplanten Ergebnisse und wiederholen sie, sofern wir sie erreichen, oder passen den Ansatz an („Pivot"). Ein Pivot bedeutet die notwendige Anpassung der strategischen Ausrichtung eines Startups, wobei die Unternehmensvision nicht infrage gestellt wird. Pivoting beschreibt die signifikante strategische Kursänderung eines Unternehmens, damit es erfolgreicher wird. Beispielsweise könnte sich herausstellen, dass die Annahmen des Umsatzpotentials einzelner

Kundensegmente nicht zutreffend waren. Der Pivot kann daran bestehen, das Geschäftsmodell auf andere Kundensegmente auszurichten. Unser Ziel ist es, jede Phase um mindestens 10 % pro Iteration zu verbessern.

5.3   KPI 3: Ergebnisse

Wir messen 10 zentrale Kategorien von Ergebnissen. Wir überprüfen das Geschäftsmodell, einschließlich exponentieller Wachstumsansätzen. Erreichen wir die geplante Investitionsrendite? Wie können wir Lücken überbrücken und daraus lernen? Auf der Business Ethics-Seite prüfen wir unsere Operationen gegen die definierten ethischen Ziele, um sicherzustellen, dass unsere Standards für den Erfolg kohärent sind. Das Rückspiegeln mit Kundenbedürfnissen und die Frage nach dem Ecosystem ermöglicht es, die Zukunft zu projizieren: Wie gut ausgerichtet sind unsere Operationen mit den zukünftigen Trends. Insgesamt streben wir nach einer high Performance Organisation und danach, unsere KPIs zu übererfüllen. Das sind in erster Linie:

1. Kundenzufriedenheit, gemessen vom positiven VOC- und Net-Promotor-Score (NPS);
2. Return on Investment (ROI), die die gesamten Kosten der Transformation berücksichtigen;

5.4   Stakeholder Management

Während jede Veränderung mit Ihnen als Führungskraft beginnt, ist Ihr Netzwerk der zweitwichtigste Schritt. Es sollte aus unternehmensinternen und -externen Kollegen bestehen, die Sie um Rat und Hilfe bitten können und

Power Map					
Name	Bereich	Funktion	Stärke der Beziehung	Aktion und Notizen	Nächster Termin
			– / - / 0 / + / ++		

Abb. 5.2 Power Map

deren Ideen Sie hinterfragen können. Der nächste Schritt besteht darin, alle beteiligten Akteure innerhalb des Unternehmens sowie strategische externe Stakeholder zu ermitteln. An erster Stelle stehen die wichtigsten Kunden und Partner. Es ist ratsam, eine Machtkarte für alle internen und externen Kontakte zu erstellen, die es Ihnen ermöglicht, die Stärke der Beziehungen und den Grad des Vertrauens zu steuern. Nicht zuletzt sind Freunde außerhalb des Unternehmens ein wichtiger Faktor, um über Ideen nachzudenken, ohne dass man schon alles weiß, wenn man mit einer Person aus derselben Organisation spricht. Abb. 5.2.

5.5 Der 90 Tage Plan für alle involvierten Unternehmensteile

Grundsätzliche Änderungen erfordern, dass die gesamte Unternehmensorganisation beteiligt ist. Der Prozess muss auf Geschäftsleitungsebene gesteuert und durch eine erfahrene Führungskraft aktiv gemanaged werden. Dabei sind alle von der Veränderung betroffenen Unternehmensfunktionen einzubeziehen.

5.5.1 Unternehmensfunktionen

Die folgenden 8 Organisationseinheiten sind entscheidend, da sie am meisten von den Änderungen betroffen sind:

1. Unternehmensstrategie: Unternehmenszwecke und Wertvorschlag: Wie werden Sie Ihre zukünftigen Produkte

monetarisieren? Was wird Ihr neues operatives Modell sein? Wie werden Sie die Änderung an Investoren anrichten?

2. Vertrieb: Kundenbeziehungen verwalten: Wie können Sie Ihre Erneuerungsorganisation zur Verwaltung der laufenden Kundenbeziehung neu zu entwerfen?

3. Organisation und Kultur: Humanressourcen: Haben Sie die richtigen Leute mit der erforderlichen Erfahrung im neuen Betriebsmodell? Implementieren Sie neue Org-Strukturen (beispielsweise DevOps)?

4. Finanzen: Änderung der Werteflüsse: Sind Sie bereit, wiederkehrbarer Umsatzerlöse zuverlässig zu erkennen? Wie ändern sich Ihre finanziellen Metriken und KPIs?

5. Quote-to-cash: Optimieren Sie Ihre Prozesse und Systeme für neue Business-Modelle? Sind Engineering- und Operations-Systeme, die für den Anspruch ausgerichtet sind?

6. Technologie: Infrastruktur und Sicherheit: Wie stehen Sie Ihre Multi-Mieter-Infrastruktur auf? Haben Sie Funktionen, um den Zugriff auf und die Sicherheit der Kundendaten sicherzustellen?

7. Marketing, Preis, Umsatz: Wie werden Sie Ihre EaaS-Produkte bepreist? Wie ändern sich Ihre Kanalbeziehungen?

8. Produkttechnik: Wird Ihre Codebasis refaktiert oder wieder aufgebaut werden? Ist Ihr Engineering-Organ für agiles eingestellt? Haben Sie eine Produkt-Roadmap, die weiterhin innovativ ist, um neue Funktionen zu liefern?

5.5.2 90 Tage Plan

Tag 0–30: Momentum generieren: Verstehen Sie die Situation, in der sich Ihre Organisation befindet, und sammeln Sie Informationen, um zu lernen. Sprechen Sie mit den Mitarbeitern, um ihre Position zu verstehen und sie über die bevorstehende Veränderung zu informieren. Verknüpfen Sie die Veränderung mit einer positiven Konnotation aus früheren Erfolgen und erzeugen Sie eine Veränderungsdynamik.

Tag 31–60: Mobilisieren Sie die Beteiligten: Arbeiten Sie mit allen Beteiligten an einem detaillierten Plan. Definieren Sie die Ausführungsstrategie für die Tage 61–90.

Tag 61–90: Ausführen und Erfolg messen: Führen Sie die festgelegte Strategie aus und messen Sie den Erfolg.

Der folgende Plan orientiert sich an den Kapiteln dieses Buches und kann als Grundlage zur Umsetzung der eigenen Transformation genutzt werden. Abb. 5.3.

Kapitel	Thema	Zeitraum	Aktivität	Weitere Stakeholder
			Tage Plan	
1	Neue Wertorientierung		Festlegung der grundsätzlichen Vision	
1.1	Digitale Konvergenz		Verstehen der Implikationen für den Wandel	
1.2	Wirtschaftliche Folgen für Unternehmen		Definieren der Folgen für das eigene Unternehmen oder den Geschäftsbereich	
1.3	Werte des unternehmerischen Handelns	Tag 0-30	Definition des neuen Kompass der Themen Ethik, Internationaler Wertekontext, adaptive Stabilisierung	
1.4	Synthese der Trends		Adaption der Unternehmensorganisation an die Konzepte der radikalen Kundenorientierung, Everything-as-a-Service, und der Horizontalen Integration	
2	Kundenfokussierung nach Ethischen Standards			
2.1	Geschäftsmodell-Entwicklung		Durcharbeiten der 10 Dimensionen der Geschäftsmodell-Entwicklung im Kern-Team	Leadership Kernteam
2.2	Aufbau einer werteorientierten Unternehmenskultur	Tag 31-60	Werte und Vision der Organisation festlegen	Leadership Kernteam
2.3	Kundenfokussierung		Definition des minimal viable product	Produkt Management
2.4	Exponentielles Wachstum		Wachstumsplan erstellen	Finanzen
2.5	Business Standards		Definition der eigenen Business Standards und Abgleich mit der Produktentwicklung	Produkt Management
3	Entwicklung nachhaltiger Geschäftsmodelle durch Ecosysteme			
3.1	Megatrends			
3.2	Geschäftsethik			
3.3	Unternehmenszweck	Tag 61-90	Aufbau der vollständigen Organisation auf Basis des Produkts	Alle Teams und Organisationseinheiten
3.4	Ecosysteme			
3.5	Stakeholders			
3.6	Kooperationen			
3.7	Mitarbeiter			
3.8	Unternehmensorganisation			

Abb. 5.3 90 Tage Plan

6

Schlusswort

Zusammenfassung Dieses Buch ist eine Inspiration zum Nachdenken, Experimentieren und Umsetzen auf der Grundlage eines strukturierten Leitfadens. Es ist kein Schritt-für-Schritt-Arbeitsbuch. Führungskräfte benötigen Zeit und Eigeninitiative zur Definition der angerissenen Fragestellungen im konkreten Kontext, damit die Umsetzung gelingen kann. Große Veränderungen müssen von einem Vorstandsmitglied gesteuert werden, das die Umsetzung an einen Assistenten delegiert.

Diese Person stellt ein interdisziplinäres Projektteam mit den Schlüsselfunktionen Kunden, Produkt, Technik, Vertrieb und Finanzen zusammen. Um die Ideen dieses Buches zum Leben zu erwecken, müssen Führungskräfte die richtigen Stakeholder identifizieren, einen Umsetzungsplan erstellen und die Zusammenarbeit mit allen wichtigen Unternehmensfunktionen orchestrieren.

© Springer Fachmedien Wiesbaden GmbH, ein Teil von Springer Nature 2022
B. Schemmel, *Führung von Morgen*, Fit for Future,
https://doi.org/10.1007/978-3-658-39163-8_6

Wenn es drei wichtige Erkenntnisse für die Gestaltung der Zukunft gibt, dann sind es die folgenden Prinzipien.

6.1   Startpunkt

Jede Neueinführung ist der Startpunkt, nicht das Ende. Dies gilt für organisatorische Veränderungen ebenso wie für die Markteinführung neuer Produkte und Dienstleistungen. Um dieses Prinzip zu leben, müssen Sie Mitarbeiter einstellen, die gerne erfinden, die links und rechts von ihrer Kernfunktion schauen und die ohne mentale und tatsächliche Teamgrenzen zusammenarbeiten. Im Wesentlichen andere Führungskräfte, die ihr Schicksal selbst in die Hand nehmen und mit großer Autonomie für ein größeres Ziel arbeiten als den nächsten Urlaub oder den Gehaltsscheck am Ende des Monats. Und sogar für ein größeres Ziel als das Geschäftsergebnis des nächsten Quartals. Während die Geschäftsethik die allgemeine Richtschnur für alle Abläufe darstellt, muss jeder in der Organisation unermüdlich daran arbeiten, die Erwartungen der Kunden zu übertreffen. Im Wesentlichen muss Ihr Unternehmen die richtigen Antworten für die Kunden finden, von wem auch immer die Idee stammt. Dies erfordert eine Organisation, die frei von Politik ist und jeden dazu anregt, nach der Wahrheit für jedes Problem zu suchen, und nicht nach dem Schuldigen.

6.2   Mental Franchise Model

Beeinflussen Sie, was Sie beeinflussen können, und hören Sie nicht auf, anderen zu sagen, was Sie für richtig halten (auch wenn Sie es nicht direkt beeinflussen können). Dies geht zurück auf die Idee eines Franchise, bei dem sich jede Führungskraft und jeder Mitarbeiter zu 100 % über die Rolle, die Erwartungen und die Verantwortung im Klaren ist. Sie wollen Ihren funktionalen Verantwortungsbereich so gut wie möglich optimieren – holen Sie sich Anregungen und Ideen von allen, ohne für Veränderungen zu kämpfen, die Sie nicht beeinflussen können. Das wichtigste Instrument hierfür ist die direkte Verknüpfung all Ihrer Eingaben mit den gewünschten Ergebnissen und – mit einer datengesteuerten Denkweise – die Kontrolle und Steuerung der Eingaben, solange Sie den richtigen Weg zur Verbesserung der Ergebnisse gefunden haben. Dies erfordert in erster Linie Experimente und eine strikte und standardisierte Ausführung, sobald die Ergebnisse klar sind.

6.3 Skalierung als Führungsaufgabe

Führungskräfte müssen skalieren – sowohl in Bezug auf ihre Kontrollspanne als auch in Bezug auf die Geschäftsergebnisse. Die drei Schlüsselelemente hierfür sind die Einstellung des richtigen Teams. Führungskräfte müssen andere Führungskräfte einstellen, die ihre Fähigkeiten ergänzen und mehr wissen als sie selbst. Sie müssen ein Team aus Führungskräften zusammenstellen, die dieselbe Vision verfolgen und die vereinbarten Mechanismen umsetzen. Diese Mechanismen müssen auf der Grundlage des Geschäftsverlaufs entwickelt und ständig verfeinert werden. Von der Entwicklung einer Idee über ein wachsendes Unternehmen bis hin zur Umsetzung in einem reifen und skalierten Unternehmen. Drittens müssen Führungskräfte versuchen, jeden Tag zu lernen. Sie müssen die Kultur des „Ich bin mir nicht bei allem sicher" beibehalten, indem sie sich selbst immer wieder herausfordern, besser zu werden.

The manufacturer's authorised representative in the EU is Springer
Nature Customer Service Centre GmbH, Europaplatz 3, 69115 Heidelberg,
Germany. If you have any concerns regarding our products, please
contact ProductSafety@springernature.com

Printed and bound by CPI Group (UK) Ltd, Croydon, CR0 4YY
24/04/2026
02096341-0001